16	3	2	13
5	10	11	8
9	6	7	12
4	15	14	1

Cet ouvrage, publié dans le cadre du Programme d'Aide à la Publication 2024 Carlos Drummond de Andrade de l'Ambassade de France au Brésil, bénéficie du soutien du Ministère de l'Europe et des Affaires Etrangères.

Este livro, publicado no âmbito do Programa de Apoio à Publicação 2024 Carlos Drummond de Andrade da Embaixada da França no Brasil, contou com o apoio do Ministério da Europa e das Relações Exteriores.

Michel Agier

ILÊ AIYÊ: A FÁBRICA DO MUNDO AFRO

(Carnaval da Bahia, 1974-2024)

Fotografias de Milton Guran
Tradução de Mirella Botaro e Raquel Camargo
Posfácio de Antonio Sérgio Alfredo Guimarães

editora 34

EDITORA 34

Editora 34 Ltda.
Rua Hungria, 592 Jardim Europa CEP 01455-000
São Paulo - SP Brasil Tel/Fax (11) 3811-6777 www.editora34.com.br

Imagem da capa:
Desfile do Ilê Aiyê em fotografia de Milton Guran, 1997

Capa, projeto gráfico e editoração eletrônica:
Franciosi & Malta Produção Gráfica

Revisão:
Alberto Martins, Beatriz de Freitas Moreira

1ª Edição - 2024

CIP - Brasil. Catalogação-na-Fonte
(Sindicato Nacional dos Editores de Livros, RJ, Brasil)

Agier, Michel
A339i Ilê Aiyê: a fábrica do mundo afro (Carnaval da Bahia, 1974-2024) / Michel Agier; fotografias de Milton Guran; tradução de Mirella Botaro e Raquel Camargo; posfácio de Antonio Sérgio Alfredo Guimarães — São Paulo: Editora 34, 2024 (1ª Edição).
176 p.

ISBN 978-65-5525-198-2

1. Cultura afro-brasileira. 2. Antropologia cultural. I. Guran, Milton. II. Botaro, Mirella. III. Camargo, Raquel. IV. Guimarães, Antonio Sérgio Alfredo. V. Título.

CDD - 306

ILÊ AIYÊ:
A FÁBRICA DO MUNDO AFRO
(Carnaval da Bahia, 1974-2024)

Prólogo
OS AFRICANOS NA BAHIA

Numa noite de carnaval, em 8 de fevereiro de 1975, uma centena de jovens, mulheres e homens, todos exclusivamente negros e vestidos à moda africana, desfilam, barulhentos, nas ruas em festa da cidade de Salvador. Estavam fantasiados e debochavam, o que é permitido no carnaval. Mas o deboche era dirigido aos brancos que os olhavam: "branco, se você soubesse o valor que preto tem, tu tomava banho de piche, e ficava preto também", eles cantavam, um pouco assustados com as próprias palavras, naqueles tempos de ditadura militar. Moradores do grande bairro negro e mestiço da cidade, Liberdade, eles haviam formado alguns meses antes — a data oficial dessa fundação é o dia 1º de novembro de 1974 — um pequeno bloco de percussão que chamaram, em iorubá, de "Ilê Aiyê", termo que eles mesmos traduziram por "Mundo Negro". Na ocasião desse primeiro desfile, na grande avenida movimentada do carnaval, o grupo foi vaiado por alguns e aplaudido por outros. Na Quarta-Feira de Cinzas, o principal jornal local fez seu habitual balanço de fim de festa. O veredito para o Ilê Aiyê foi categórico: "Bloco do Racismo", "feio espetáculo", "agentes de irritação que bem gostariam de somar aos propósitos da luta de classe o espetáculo da luta de raças".[1] No entanto, esse "espetáculo da luta de raças" seduz os jovens negros dos bairros populares da cidade, atraídos por um espaço onde a cor de sua pele e seu corpo de modo geral são supervalorizados nos planos estético e identitário, invertendo completamente as regras sociais e raciais da vida cotidiana. O júri do carnaval, por sua vez, confere aos jovens Vovô, Apolônio, Dete, Aliomar e outros uma inexplicável e muito contestada "menção honrosa". Eles decidem então continuar.

---

[1] *A Tarde*, 12 de fevereiro de 1975. A fundação e a primeira saída do bloco são descritas no capítulo 2, "História: da fundação do Ilê Aiyê até hoje".

Cinquenta anos se passaram e, em 2024, o Ilê Aiyê é reconhecido por todos como o primeiro e mais tradicional bloco de uma extensa linhagem de organizações carnavalescas afro-brasileiras. Ancestral da *Axé Music* e do carnaval afro da Bahia, o grupo é apoiado por grandes empresas privadas de envergadura nacional; seu conjunto de percussão (a bateria do bloco) possui entre 100 e 140 membros, seu calendário de festas é intenso e ele nunca desfila com menos de 3 mil ou até 3.500 participantes. Verdadeira empresa de promoção da cultura afro, a "Associação Cultural Bloco Carnavalesco Ilê Aiyê" é uma ONG que emprega por volta de quinze trabalhadores, possui desde 2003 seu próprio prédio de quatro andares, construído na mesma rua onde o grupo nasceu, a rua do Curuzu, na Liberdade, ao mesmo tempo sede, centro cultural, escola de educação popular e lugar de festas e ensaios do bloco de percussão. É lá que são celebrados o mundo africano global e a luta contra o racismo. Fora do carnaval, ao longo de todo o ano, espetáculos com cerca de doze membros da Band'Aiyê são apresentados regularmente e os responsáveis pelo bloco dão cursos e entrevistas, tanto no Brasil como em outros países na Europa, na África ou nos Estados Unidos. Além disso, desde os anos 1990, uns quarenta blocos afro desfilam no carnaval, reunindo no total mais de 30 mil participantes. Todos se formaram numa relação estreita com o Ilê Aiyê. Dentre eles, o grupo Olodum e seu conjunto de percussão obtiveram, no fim dos anos 1980, um sucesso nacional e internacional com o ritmo do samba-*reggae*, entrando no movimento da *World Music*, seguido alguns anos mais tarde pela Timbalada, de Carlinhos Brown, e muitos outros. Paralelamente, grupos negros culturais e políticos se desenvolveram e se organizaram em redes, comitês e outros movimentos, mais preocupados em marcar sua diferença do que em aderir à ideologia integracionista. Um movimento cultural negro se formou, portanto, nos anos 1990 a partir do carnaval e para além dele. Ele obteve certo sucesso midiático e influenciou jovens negros e mestiços da cidade, embora a ausência de uma verdadeira repercussão política eleitoral tenha frequentemente decepcionado os líderes do Ilê Aiyê em suas campanhas para ver "a negra, o negro no poder" dos anos 1980 aos anos 2020.[2] Em 2022, o movimento cultural afro foi uma das grandes inspirações de um programa da

[2] Esta, e outras questões acima, serão retomadas no capítulo 5, "Política: cultura e raça da 'elite negra'".

No alto, o caminhão dos cantores e o mestre de bateria do Ilê Aiyê, à noite, na avenida, em frente às arquibancadas no Campo Grande.

Acima, as percussões da Timbalada atravessando a multidão no bairro da Barra, na orla de Salvador.

cidade de Salvador para promoção do afroturismo e, de maneira geral, do *afrobusiness*, apoiado pelo Banco Interamericano de Desenvolvimento, "Salvador Capital Afro". Ecoando o tema do desfile do Ilê Aiyê de trinta anos atrás, em 1994, "Bahia, nação africana", o novo slogan municipal "Salvador Capital Afro" aparece em várias publicidades do espaço urbano, como, por exemplo, no salão de desembarque do aeroporto internacional da Bahia.

Eu não estava presente em sua fundação, em 1974, tampouco na primeira saída do Ilê Aiyê no carnaval de 1975. Nessa época, eu vivia na França e assistia às minhas primeiras aulas como estudante de antropologia. Meu trabalho de campo começou com uma pesquisa de etnografia rural no alto dos Alpes franceses, perto da fronteira italiana. Eu estudava as reações de camponeses e pastores à criação de uma reserva ecológica na montanha, onde eles costumavam caçar e circular livremente até então. Alguns anos mais tarde, jovem pesquisador no Instituto de Pesquisa para o Desenvolvimento (IRD),[3] eu vivia e fazia pesquisas na África, precisamente no Togo e nos Camarões, sobre os fenômenos de etnicização urbana e suas relações com migrações e mobilidades sociais. Foi em Lomé que eu tracei o plano de vir à Bahia, certamente inspirado em minhas leituras da época e, sobretudo, nos autores dos *ethnic studies*, bem como nos livros de Roger Bastide e, é claro, nos de Pierre Verger. A capital do Togo se situa no Golfo da Guiné (tal como Gana, Benin, Nigéria e, em parte, Camarões), território chamado em outros tempos de "Costa dos Escravos". Os livros de Verger relacionavam, um pouco mecanicamente talvez, mas de maneira muito inspiradora, as margens africana e americana do Atlântico: *Fluxo e refluxo: do tráfico de escravos entre o golfo do Benin e a Bahia de Todos os Santos, do século XVII ao XIX* e também *Notas sobre o culto aos orixás e voduns: na Bahia de Todos os Santos, no Brasil, e na Antiga Costa dos Escravos, na África*. Publicados nos anos 1950 e 1960, eu conheci esses livros em Lomé em meados dos anos 1980 e eles despertaram em mim o desejo de descoberta do outro lado do Atlântico, como se a capital togolesa em sua borda oriental e a cidade de Salvador em

---

[3] O IRD (antigo ORSTOM) é um órgão público francês de pesquisa pluridisciplinar, comprometido com países do Sul global e com os territórios ultramarinos da França. (N. das T.)

sua borda ocidental estivessem de frente uma para a outra. Muito rapidamente, isso se concretizou através do contato com o Brasil contemporâneo, sobretudo porque eu estava menos interessado nos inventários dos "vestígios de africanidade", mais ou menos desaparecidos, do que nas transformações, reinvenções e criações culturais, a partir de observações diretas e participativas. Foi assim que, em colaboração com meus colegas da Universidade Federal da Bahia, Nadya Araujo Guimarães e Antonio Sérgio Guimarães num primeiro momento, depois Maria Rosário Gonçalves de Carvalho e, por fim, Livio Sansone, realizei uma série de pesquisas sobre as transformações de classes e de status no quadro da industrialização regional, sobre as identidades raciais e as questões étnicas em ambientes urbanos e, finalmente, sobre as relações raciais e a cultura negra — tema de um seminário que em seguida se tornou um programa de pesquisa e formação, "A Cor da Bahia".

Foi nesse contexto que concebi minha própria pesquisa sobre os vínculos entre as mudanças sociais, as relações raciais e as transformações da cultura afro-brasileira. Essas três questões se encontravam condensadas na história do Ilê Aiyê, que dava também uma resposta — particularmente abrangente e criativa quando eu vim a conhecê-lo — às minhas perguntas sobre o devir da África no mundo, meu ponto de partida em Lomé. Meu ponto de chegada foi então, logicamente, o bairro da Liberdade, onde morei por cerca de dois anos (dos sete que vivi na Bahia) e realizei pesquisas sobre as famílias, as relações sociais, a gestão da pobreza e da mobilidade social entre uma população massivamente negra e mestiça. Foi o que me levou, no começo dos anos 1990, a princípio até Vovô, um dos idealizadores do bloco afro, que se tornou, ao longo do tempo, o muito respeitado e popular presidente do Ilê Aiyê, e a Apolônio, seu parceiro desde os primeiros momentos. Ambos tinham então cerca de quarenta anos, eles se tornaram "empreendedores culturais" alguns anos depois do sucesso do Ilê Aiyê. Graças a eles, e a seus amigos e amigas mais antigos, e, posteriormente, a alguns dos 2 mil membros da associação que eles formaram na época, eu pude reconstituir o surgimento e o desenvolvimento extraordinário do que havia sido, num primeiro momento, apenas um grupo de amigos da Liberdade, e que se tornaria, dos anos 1980 até hoje, a encarnação mais celebrada da "elite negra" e da "tradição africana no Brasil", peça fundamental de um movimento artístico, identitário, cultural e político que conecta a sociedade e a cultura baiana à sua "matriz africana".

Foi preciso tempo e paciência para que eu pudesse iniciar minha pesquisa, que se estendeu por muitos anos e, até hoje, nunca foi de fato concluída. Minhas experiências africanas me haviam familiarizado com muitos "africanismos" do Ilê Aiyê. Isso criou um laço, uma proximidade que, aliás, se traduziu no fato de eu ter sido o autor de um dos textos informativos do bloco sobre o tema anual de seu desfile, aquele em homenagem à Costa do Marfim, em 1990. Mas o fato de um branco integrar o Ilê Aiyê era impensável, o que explicava que várias pessoas à minha volta me desencorajassem a pensar em realizar tal pesquisa. Eu tive que conversar sobre o projeto em detalhes com Vovô, e com Jônatas Conceição (1952-2009), poeta e professor de Letras, igualmente membro da diretoria do bloco nessa época. Eles queriam, por sua vez, escrever a história daquela aventura que completaria então vinte anos e sobre a qual nós concordávamos em dizer que era única e que havia mudado muitas coisas na cultura e nas relações raciais na Bahia, e para além dela. Esta pesquisa é fruto do encontro entre nossos respectivos projetos que, no entanto, não se confundiram.

Eu nunca pretendi contestar o princípio segundo o qual os brancos não podiam desfilar no Ilê Aiyê. Do meu ponto de vista, criar no contexto do ritual uma imagem de si e um cenário que não sejam a reprodução de uma vida social desigual, depreciativa ou violenta é perfeitamente legítimo, e produz efeitos de "reequilíbrio" sobre as relações sociais cotidianas.[4] Isso era importante o suficiente para que eu não transformasse o assunto em polêmica, nem provocasse um falso conflito fingindo querer, apesar de ser branco, desfilar no Ilê Aiyé; ao contrário, eu soube observar o bloco, respeitá-lo e compreendê-lo. Para dizer em termos atuais, acredito que a "ausência de mistura" racial no ritual é a condição de existência do Ilê Aiyê, e a própria existência da polêmica a esse respeito na Bahia confirma a sua eficácia. Como antropólogo estrangeiro e europeu branco, eu fui muito mais sensível à evidência do racismo nas relações sociais na Bahia, por detrás da aparência cordial das interações cotidianas que é a primeira "surpresa" de um estrangeiro. Então, eu compreendia muito bem que os idealizadores e participantes do Ilê Aiyê desejassem, por princípio, manter uma distância em relação aos brancos: tratava-se de "apagar", no espetáculo ri-

---

[4] Esse assunto será abordado em detalhes nos capítulos 4, "Ritual: a África da Bahia", e 5, "Política: cultura e raça da 'elite negra'".

tual, maneiras de fazer e ser negrofóbicas, às vezes explícitas e violentas, mas geralmente mais discretas, até condescendentes. Essas maneiras se traduzem pelo que às vezes ainda é chamado de "racismo cordial", espécie de oximoro que expressa essa opressão particular que acrescenta às discriminações, segregações e outras desigualdades raciais o fato de não ser possível abordá-las nem tampouco se livrar delas, conforme o famoso "preconceito de não ter preconceito", apontado pelos sociólogos Florestan Fernandes e Roger Bastide já nos anos 1950.[5] Do ponto de vista das relações raciais, a intimidade e o "coração" (e seu qualificativo, "cordial") associam afetos à dominação: ao pretenderem suavizá-la, a mão sobre o ombro, os diminutivos afetuosos ou zombeteiros e as familiaridades refreiam e moralizam toda forma de crítica e contestação. Não há espaço para a expressão do conflito. Logicamente, o distanciamento dessa forma de dominação, seja ela violenta ou "doce" em sua aparência, possibilita falar disso abertamente.

Como antropólogo especialista em estudos africanos e diante das evidentes especificidades da sociedade brasileira, a questão que me intrigou foi a seguinte: o que quer dizer a afirmação "Nós somos os africanos na Bahia", proclamada por dezenas de jovens brasileiros de pele negra nos anos 1970 e, depois, nas décadas seguintes, por milhares de jovens (e progressivamente pelos menos jovens) negros dos bairros populares? Essa questão será retomada ao longo de toda esta pesquisa. Mas, para resumir em poucas palavras, eu acredito que seja uma maneira de dizer "Nós criamos nosso próprio mundo" — um mundo imaginário e, no entanto, bem real, recriado durante alguns dias de "licença carnavalesca", ou seja, um mundo que rompe com as relações e as identidades da vida social do dia a dia. Não se trata de um rito de inversão, que confirmaria a fascinação pela ordem estabelecida, mas de um rito de instituição, que cria um mundo de pertencimento e de reconhecimento completamente diferente e produz um outro lugar, literalmente uma utopia, mas no presente. Ela nasce nos cinco dias de carnaval, espaço utópico por excelência, mas produz efeitos duráveis na existência daquelas e daqueles que participam do rito, antes e depois

---

[5] "Nós, brasileiros, dizia-nos um branco, temos o preconceito de não ter preconceito. E esse simples fato basta para mostrar a que ponto [ele] está arraigado no nosso meio social", in Roger Bastide e Florestan Fernandes, *Brancos e negros em São Paulo*, São Paulo, Companhia Editora Nacional, 1959, 2ª ed., p. 164.

do período do carnaval. Para elas e eles, ser "africanos na Bahia" é, antes de tudo, não ser os negros do racismo da sociedade brasileira na vida cotidiana. A expressão "*I'm not your negro*" (do escritor James Baldwin e retomada por Raoul Peck)[6] poderia resumir e conceituar esse gesto político. Gesto este que iria se prolongar e produzir efeitos para além do momento carnavalesco, dando força àquelas e àqueles que enfrentam todos os dias discriminações de raça, classe e gênero, bem como segregações espaciais bem reais na cidade, enquanto a ideia de um *apartheid* urbano e o reconhecimento do racismo permaneciam até então como temas tabus.

Esse gesto inicial desencadeou a formação do carnaval afro, com a criação de vários blocos de percussão com nomes iorubás ou bantus e de inspiração africana e, nos anos seguintes, a emergência de um verdadeiro movimento cultural negro. Com esse impulso, jovens dos bairros negros, atores e apoiadores entusiastas do bloco fizeram mais do que reagir à discriminação racial. Eles e elas imaginaram uma performance de efeitos diversos — ao mesmo tempo política, encarnando o "mundo negro", comunitária, criando a "família Ilê Aiyê",[7] ou, ainda, social, simbolizando "a elite negra" diante de um público que os observa com curiosidade e, na maioria das vezes, com admiração. Foi nesse cenário que nasceu o desejo de encarnar a África na Bahia, de viver verdadeiramente como africanos, tanto por dentro como por fora, durante o desfile e na frente dos outros. Para muitos, o sentimento era o de reencontrar uma identidade perdida na história brasileira, a da escravização e da sociedade pós-escravocrata. Tratava-se de criar uma contraidentidade, de certa forma indissociável da afirmação de um orgulho, enfim, encontrado ("o orgulho negro").

Todo um trabalho cultural criou imagens, narrativas e heróis capazes de prolongar o gesto político de ruptura, de estabelecê-lo no contexto carnavalesco, mas também para além dele, na vida de todos os dias. O Ilê Aiyê se tornou um modelo para muitos negros da cidade preocupados em afirmar sua existência e torná-la socialmente respeitá-

---

[6] Raoul Peck (1953) é um cineasta e documentarista haitiano. Entre seus vários filmes, destaca-se *I Am Not Your Negro*, de 2016, que explora a vida e a obra do escritor negro norte-americano James Baldwin (1924-1987) e alcançou grande repercussão mundial. (N. da E.)

[7] Ver capítulo 3, "Comunidade: a família Ilê Aiyê".

vel. Seus criadores desejavam "um bloco que relembra a África, um bloco onde a gente se sente mais à vontade... a África seria assim o grande oásis", me explicou mais tarde Apolônio, um dos cofundadores do bloco. Em alguns anos, toda uma África-símbolo se compôs a partir de múltiplas fontes. Da história brasileira, emergiram figuras da resistência à escravização, tais como os quilombos e Zumbi dos Palmares, cujo assassinato em 20 de novembro de 1695 passou a ser rememorado a partir de 1988 no "Dia da Consciência Negra". Ou ainda a "Mãe Preta", símbolo que transforma radicalmente a imagem da ama de leite negra do filho do senhor branco, no tempo da escravidão, em senhora encarnada pela mãe de santo do candomblé — o culto aos orixás foi trazido no começo do século XIX pelos africanos escravizados vindos das regiões fon-iorubá no Oeste da África (a antiga "Costa dos Escravos" mencionada acima). A "Beleza Negra" também é um aspecto que transforma uma imagem do escravismo — a da mulata (sedutora ou submissa) no sistema de dominação sexual do senhor branco — em uma "Deusa do Ébano" inteiramente ressituada e redefinida no contexto do candomblé.[8] Zumbi, a Mãe Preta e a Deusa do Ébano se presentificam em carne e osso nos carros alegóricos do desfile do Ilê Aiyê. Essa parte da África é brasileira, ela foi durante muito tempo definida como negra ou afro-brasileira, depois afro, mais tarde afrodescendente e, agora, simplesmente africana. Uma África *da* Bahia tanto quanto uma África *na* Bahia.

É a história dessa criação que eu pretendo contar neste livro. Ela é resultado de uma vasta pesquisa de campo realizada na Bahia, entre 1990 e 1996, e também nos anos seguintes, por ocasião de sucessivos retornos, e, principalmente, de uma nova pesquisa de atualização realizada em 2023.

Gostaria de agradecer àqueles que foram meus primeiros interlocutores dentre os líderes do Ilê Aiyê, em particular a Antonio Carlos dos Santos Vovô, Apolônio de Jesus, vulgo Popô (1952-1992) e Jônatas Conceição da Silva (1952-2009), bem como a Dete e Paulo Lima, que me receberam, dedicaram o tempo deles e me ajudaram a realizar esta pesquisa. Agradeço também às dezenas de membros do Ilê Aiyê que aceitaram me receber em suas casas para conversar — alguns encontra-

[8] Todas essas criações rituais são descritas no capítulo 4, "Ritual: a África da Bahia".

rão seu retrato neste livro. Meus agradecimentos vão também à Mãe Hilda Dias dos Santos (1923-2009), que me permitiu circular em sua casa onde também ficava o terreiro Ilê Axé Jitolu presidido por ela, e a sede do bloco Ilê Aiyê até o começo dos anos 2000.

Agradeço a Antonio Sérgio Alfredo Guimarães, João José Reis e Maria Rosário de Carvalho por seu apoio e participação neste livro, bem como a Marc Augé (1935-2023), Genice Batista de Araujo, Kadya Tall, Marie-José Jolivet e Jean-Pierre Olivier de Sardan por suas leituras e comentários.

Agradeço especialmente a Milton Guran, fotógrafo e professor de antropologia visual no Rio de Janeiro, por sua reportagem em preto e branco do carnaval da Bahia de 1997, cujas imagens enriquecem este livro.

Obrigado, enfim, Varoujan Arzoumanian e Patrick Bardou, responsáveis pela editora Parenthèses, em Marselha, onde foi publicada a primeira versão francesa deste trabalho, pela releitura e preparação editorial, e por terem liberado os direitos autorais para esta nova edição brasileira. Trata-se, sob vários aspectos, de um outro livro, sem os desenvolvimentos contextuais e teóricos da primeira edição que visava um público francês de estudantes, pesquisadores e especialistas do carnaval. Esta edição se destina ao público brasileiro para além do mundo acadêmico. Ela se concentra na história e na herança cultural do Ilê Aiyê no período 1974-2024 e oferece uma contribuição à celebração dos cinquenta anos do bloco. Agradeço, por isso, a Mirella Botaro e Raquel Camargo pelo cuidadoso trabalho de tradução, e a Alberto Martins por seu interesse pelo livro e a revisão fina e precisa do texto final.

1.
CENÁRIO: SALVADOR, A LIBERDADE E O CARNAVAL

A "Roma negra" e os paradoxos da modernidade

Fundada em 1549 pelos representantes da coroa portuguesa que ali instalaram a sede de sua colônia no Brasil, a cidade de São Salvador da Bahia de Todos os Santos se desenvolveu como centro do comércio de escravizados, de exportação açucareira e, até o fim do século XVIII, como a capital do Brasil colonial. Estima-se que mais de 5 milhões de africanos escravizados entraram no Brasil entre meados do século XVI e meados do século XIX. Isso se deu principalmente através do porto de Salvador e, a partir do século XVIII, em benefício de armadores e negociantes baianos, e não somente portugueses. O que significa que o Brasil importou quase metade dos escravizados trazidos da África para o Novo Mundo.[9] Até a Lei do "Ventre Livre" de 1871, a população escravizada compreendia também os descendentes de escravos nascidos no Brasil. Estes últimos eram chamados de "crioulos", enquanto os escravizados nascidos na África eram chamados de "africanos" ou designados segundo sua etnia, região ou porto de origem na África. Os escravizados forneciam mão de obra nas plantações e usinas de açúcar no entorno de Salvador, nos espaços domésticos, nos serviços externos ("escravos de ganho"), no porto e no comércio de rua da cidade. Em seguida, eles trabalharam nas minas de ouro e diamantes da região de Minas Gerais e, mais tarde, nas plantações de café no sudeste do Brasil, próximas de São Paulo. As populações africanas importadas pelo

---

[9] De acordo com os dados do website Slave Voyages, 5.848.266 africanos escravizados foram embarcados para o Brasil (num total de 12.251.337 embarcados para as Américas), e 5.099.816 foram desembarcados no Brasil (num total de 10.702.656 nas Américas).

tráfico negreiro foram sucessivamente sudanesas (vindas, no século XVI, de regiões setentrionais no Oeste da África), bantus (durante o ciclo do Congo e de Angola, a partir do século XVII), depois novamente sudanesas a partir do século XVIII até meados do século XIX, vindas principalmente de regiões culturais fon-iorubá e, em parte, haussá, embarcadas ao longo da Costa da Mina e da "Costa dos Escravos" no golfo do Benin.[10]

Com o declínio da economia açucareira no começo do século XIX, a proibição do tráfico negreiro em 1855 e, em seguida, a abolição da escravatura em 1888, Salvador perdeu suas funções econômicas nacionais — um declínio precedido pela transferência da capital da Colônia para o Rio de Janeiro, em 1763. Enquanto a região de São Paulo se desenvolvia rapidamente graças às plantações de café e, em seguida, à indústria, deslocando o polo econômico do país para o sudeste, repovoado e branqueado pela imigração europeia, uma longa fase de estagnação econômica, social e demográfica marcou a vida baiana até meados do século XX. Segundo o antropólogo Thales de Azevedo, a alta sociedade da época, quase exclusivamente branca, era formada por proprietários de terra, grandes comerciantes, homens de negócio e políticos. Os grupos intermediários mais ou menos mestiços — morenos e mulatos — eram formados por pequenos e médios comerciantes, artesãos e funcionários. Enfim, a classe inferior era designada pelo substantivo categorial "pobreza". Composta por trabalhadores manuais de todas as áreas, pretos e mulatos, a "pobreza" abarcava mais de metade da população da cidade. Os dois polos da sociedade eram então definidos como "elite branca e rica" e "o povo, preto e pobre".[11]

No plano demográfico, a cidade de Salvador se tornou uma das maiores metrópoles latino-americanas em algumas décadas. Se contava com 45 mil habitantes no início do século XIX, 205 mil nos anos

---

[10] Para uma descrição da vida social, econômica e política dos escravizados e homens livres, africanos e crioulos no começo do século XIX na Bahia, consultar João José Reis, *Rebelião escrava no Brasil: a história do levante dos malês em 1835*, São Paulo, Companhia das Letras, 2004.

[11] Thales de Azevedo, "Classes sociais e grupos de prestígio", in *Ensaios de antropologia social*, Salvador, UFBA, 1959, pp. 103-20. Ver também Donald Pierson, *Brancos e pretos na Bahia (estudo de contato racial)*, São Paulo, Companhia Editora Nacional (Brasiliana vol. 241), 1971.

1900 e 290 mil nos anos 1940, em 1970 a cidade ultrapassou a marca de 1 milhão de habitantes e, enfim, de 2 milhões nos anos 1990. Desde meados dos anos 2010, ela conta com aproximadamente 3 milhões de habitantes, ocupando o terceiro lugar no país em termos de número de habitantes intramuros, atrás de São Paulo e Rio de Janeiro.

A Bahia do fim do século XX e do início do século XXI é mais complexa do que aquela dos anos 1950, mas — apesar de todos os movimentos culturais inovadores que a cidade viu surgir (na música, no cinema etc.) — ela ainda é, frequentemente, imaginada com base nos vestígios dessa época, ou seja, como tradicional, de certo modo arcaica. Sociedade imóvel e cordial, cidade do sorriso e da preguiça, a cidade da Bahia viveria sob o encantamento de suas 150 igrejas, de seus 2 mil terreiros de candomblé, de seus santos católicos, de suas divindades afro-brasileiras (*orixás*) e do ritmo do samba. Malemolência corporal, fatalismo social e disposições dionisíacas seriam a herança africana perceptível na cidade mais negra e mais cantante do Brasil, a ponto de uma de suas famosas mães de santo, Mãe Aninha, tê-la chamado, no início do século XX, de "Roma negra", a cidade santa dos negros. Aqueles que são chamados de "brancos da Bahia" também seriam diferentes dos outros brancos do Brasil e do mundo, graças a uma mestiçagem racial e cultural mais ou menos aparente. Enfim, nenhuma relação de trabalho poderia prescindir de fato da complacência paternalista dos senhores brancos, nem do desprezo pelo trabalho manual, herdados do tempo da colônia e do regime escravista. Tudo se passa como se a identidade da cidade da Bahia (a "baianidade") só pudesse se afirmar nos aspectos mágicos, lúdicos e artísticos, associando seu nome ao candomblé, ao carnaval de rua e ao samba. Ela não teria outra função na identidade nacional senão a da tradição cultural e, no plano comportamental, a da ginga — aquela dos capoeiristas — e da doçura — como o sussurro melodioso da canção popular baiana. Essa velha imagem da cidade é o que atrai os estrangeiros (brasileiros do sul e sudeste, outros latino-americanos e europeus) à cidade, bem como um sentimento bastante enraizado de particularismo cultural por parte da *intelligentsia* local.

Essa imagem da capital da Bahia se faz presente na vida social e cultural do fim do século XX e começo do século XXI, e é importante para compreender a história que será contada neste livro. Mas é também importante tudo o que contradiz, pelo menos em parte, essa imagem. Desde os anos 1970, um processo industrial, urbanístico e turístico de modernização e globalização introduziu modelos de sucesso social relativamente mais abertos e igualitários que os do passado. Para certas famílias oriundas de meios sociais pobres — particularmente dentre a população negra —, as condições de vida se modificaram e novos horizontes se abriram com a possibilidade de ter, ou ao menos de imaginar, carreiras mais "modernas": trabalhadores de indústria (principalmente no polo petroquímico) ou pequenos empregados do setor terciário, por exemplo. No entanto, mesmo nos setores mais modernos, os negros ocupavam, sobretudo, as áreas em que predominavam os empregos menos qualificados, menos remunerados e menos protegidos pelas regulamentações sociais: construção civil, comércio, trabalho doméstico e setores menos valorizados da indústria. Essas evoluções sociais suscitaram uma modificação da ideologia racial em Salvador. Elas criaram situações em que as diferenças de trajetórias socioprofissionais, as desigualdades de tratamento e as discriminações individuais nos locais de trabalho apareceram em sua dimensão mais propriamente racial. Em alguns casos, surgiram competições diretas no que concerne à competência profissional entre pessoas tecnicamente iguais, mas de cor de pele diferente. De maneira geral, estabeleceu-se que quanto mais se ascende na qualificação profissional, maior será a diferença salarial entre brancos e pretos.[12] O mais alto grau de modernidade econômica não é, portanto, sinônimo de democracia profissional e igualdade étnica: longe de eliminar as diferenciações raciais como haviam previsto muitos autores dos anos 1940 e 1950, ela torna mais visíveis as desigualdades, podendo inclusive reforçá-las.

Para resumir, três características definem o clima social da cidade de Salvador no momento da criação do Ilê Aiyê e da africanização do carnaval da Bahia nas décadas seguintes. Primeiramente, a vida urbana é marcada por uma mudança de escala na cidade de Salvador, que passa a ter os problemas de uma grande metrópole latino-americana, e pe-

---

[12] Muitos trabalhos de pesquisa relacionados a esse período de mudança social foram realizados e publicados nos anos 1990: ver principalmente Nadya Araujo Castro e Vanda Sá Barreto, *Trabalho e desigualdades raciais: negros e brancos no mercado de trabalho em Salvador* (São Paulo, Annablume, 1998); Michel Agier, Nadya Araujo Castro e Antonio Sérgio Guimarães, *Imagens e identidades do trabalho* (São Paulo, Hucitec/ORSTOM, 1995).

la emergência (progressiva, com o fim da ditadura) de diversos movimentos sociais urbanos (organizações de bairro, movimentos de periferias etc.). Em segundo lugar, um grande *boom* industrial gerou trajetórias inesperadas e esperanças de mobilidade social em meios populares majoritariamente negros. Por fim, uma mudança de ideologias raciais ocorreu em nível mundial e nacional, influenciando também o contexto local. Esses três elementos favoreceram uma redefinição da imagem dos negros e das relações entre raça, cultura e política.

Liberdade: do "bairro proletário" ao "quilombo"

Os grupos carnavalescos são geralmente produtos da sociabilidade dos bairros, e essa ancoragem urbana pode às vezes provocar rivalidades, até mesmo brigas entre diferentes blocos no período do carnaval. Somente na Liberdade, bairro que viu nascer o Ilê Aiyê, contavam-se em meados dos anos 1970 mais de dez grupos de carnaval formados com pouquíssimos recursos, em casas, praças e esquinas, devido apenas à iniciativa de grupos de amigos e parentes: duas das poucas escolas de samba baianas da época (Ritmos da Liberdade e Filhos da Liberdade), vários blocos de percussão (Desajustados, Impossíveis, Independentes, Estudantes da Liberdade, Barrabás, Deixa-Disso, Banda da Liberdade e Cavalheiros da Liberdade) e um bloco que se dizia de "índios" (os Penas Brancas), sem mencionar todos aqueles que não conseguiram se manter por mais de um carnaval.

Desde os anos 1960 e do início de mudanças importantes na economia e no urbanismo de Salvador, os bairros da cidade localizados no interior da Baía de Todos os Santos, dentre os quais a Liberdade, foram depreciados pela ideologia modernizante — voltada para a orla e suas longas faixas de areia à beira-mar — e abandonados pela política de desenvolvimento urbano, social e cultural. Não se encontra na Liberdade nenhuma das vinte salas de cinema da cidade, nem das salas de teatro, nem sequer um desses imensos shopping centers que respondem, do outro lado da cidade, por uma grande parte das atividades de lazer da "juventude dourada" da classe média e branca.

No topo de um platô de mais de dois quilômetros de extensão com vista para a Baía de Todos os Santos, a Estrada da Liberdade atravessa todo o bairro. Um trânsito pesado de carros, ônibus e pedestres toma conta dela, e lá se pode encontrar todo tipo de comércio popular: mercados de produtos alimentícios a céu aberto, lojas, oficinas, barracas e tendas de comidas, vendedores ambulantes etc. A entrada de pelo menos vinte sub-bairros se faz por essa via principal. Cada um é composto por uma densa rede de becos e ruas sem saída, ruazinhas estreitas e vielas de pedestres, sombrias e úmidas, em contraste com as ruas e praças asfaltadas, mais abertas e visíveis. Estas últimas servem de referência para diferenciar os sub-bairros e funcionam como terminais de linhas de ônibus.

Ao longo das ruas asfaltadas do bairro, as fachadas das pequenas casas, tradicionalmente de um só andar, são pintadas em tons pastel, rosa, verde ou azul, algumas, perfeitamente alinhadas em filas de dez, lembram as antigas vilas operárias em tamanho reduzido — iniciativas individuais de algum patrão paternalista, próximas de antigas oficinas mecânicas, fábricas químicas ou marcenarias — que contribuíram, na primeira metade do século XX, com a urbanização do bairro. No interior dos sub-bairros, algumas das "casas da frente", deterioradas ao longo dos anos pela chuva e a umidade do clima tropical, mostram ainda, orgulhosamente gravadas no frontispício, as datas de sua construção: 1927, 1935, 1942 etc. Essas casas dissimulam as entradas estreitas de inúmeros becos e vielas — alinhamento de casas pobres chamadas de "avenidas". Desde os movimentos migratórios dos anos 1940 e 1950 partindo do Recôncavo e, mais tarde, daqueles dos anos 1960 provenientes do Sertão, as "avenidas" se estenderam a partir dos fundos dos quintais das casas de rua para povoar todas as ladeiras do bairro, até alcançar algumas das grandes "ocupações" que, no mesmo período, se formaram na Liberdade. São os setores mais pobres do bairro, ainda que se possa falar de uma pobreza estabilizada, ou relativamente menos desprovida do que aquela da grande periferia de Salvador.

A população do bairro se situa entre as faixas de renda mais baixas da cidade. Comerciantes de mercearias e ambulantes, operários e estagiários de pequenas empresas de bairro (oficinas mecânicas, carpintaria ou construção) e empregadas domésticas (faxineiras, cozinheiras e lavandeiras) compõem quase metade da população ativa, e integram principalmente a economia dita informal. Há muito tempo, o bairro da Liberdade é também marcado pela presença de trabalhadores do porto e de antigas indústrias alimentares. Na continuidade dessa tradição operária, o bairro forneceu uma parte importante de trabalhadores e em-

O bairro da Liberdade, em Salvador,
uma densa rede de ruas, vielas e "avenidas".

pregados para os setores inferiores e temporários das novas indústrias baianas da década de 1960 à de 1980.

A depender dos limites considerados, o bairro da Liberdade teria cerca de 300 mil habitantes. Os números apresentados pelo bloco Ilê Aiyê são muito mais altos, 400 mil ou 600 mil habitantes. A afirmação só tem sentido para mostrar o peso de um espaço de identidade do qual se diz, num registro alegórico ou político, que é o "maior" ou "um dos maiores bairros negros fora da África". Negros de Salvador e do Recôncavo, descendentes de determinados contingentes migrantes europeus (portugueses, ciganos e espanhóis) e, finalmente, brancos pobres do Nordeste povoaram em camadas sucessivas e desiguais a Liberdade, onde viveram juntos e se misturaram para formar um bairro mestiço, de forte predominância negra. Porém, algumas histórias individuais e de rua às vezes mostram a presença de tensões étnicas. Assim, um microempreendedor imobiliário de origem espanhola um dia me explicou, de maneira pouco discreta, que ele gostava mais de lidar com "galegos" como eu do que com baianos — terminologia local que opõe implicitamente os brancos de aparência europeia não mestiça (à imagem dos que vieram da Galícia, na Espanha, os galegos) aos negros e mulatos baianos. Inversamente, os migrantes nordestinos de pele clara (em particular, os cearenses) foram por muito tempo objeto de um certo ostracismo por parte da população negra mais antiga no bairro — ostracismo que se traduz numa linguagem em que se misturam o regionalismo e o racismo.

Verdadeiro marcador de identidade, dotado de significações variadas e heterogêneas, a Liberdade é objeto de referência elogiosa e sistemática nos sambas do Ilê Aiyê. De fato, esse bairro é não somente um dos maiores e mais populosos da cidade, mas também um símbolo de múltiplos sentidos, acumulados ao longo de sua história. Inicialmente, nos anos 1940, foi descrito pelo escritor baiano Jorge Amado como o "mais populoso bairro proletário da cidade da Bahia".[13] Em seguida, a Liberdade foi descrita como um lugar de miséria e de lutas populares. Assim, o autor de um romance sobre a ocupação e a conquista de terras do Corta-Braço no fim dos anos 1940, no coração da Liberdade, via no bairro "crianças famintas", lavandeiras e empregadas, boêmios

---

[13] Jorge Amado, *Bahia de Todos os Santos: guia de ruas e mistérios* [1945], Rio de Janeiro, Record, 1982, p. 81.

A rua do Curuzu, na Liberdade, onde surgiu o bloco Ilê Aiyê.

e prostitutas.[14] A busca pela liberdade, para outros autores, passava pela dança, pelo transe ou pela reza, entre os barracos, a poeira e a lama do bairro.[15] A partir dos anos 1970, a criação do Ilê Aiyê teve por efeito associar a imagem do bairro a um discurso africanista e negro. A Liberdade se tornou então sinônimo de quilombo na poesia popular dos sambas. Essa caracterização afro-brasileira foi confirmada pela multiplicação de seus lugares de aspecto étnico — como a "senzala do barro preto" (nome dado a um terreno baldio na rua do Curuzu, onde foram realizadas as festas do Ilê Aiyê de 1976 a 1987 e onde seria construído, no início dos anos 2000, a sede do bloco), a "rua Kingston" (lugar de ensaios de um outro bloco afro, o Muzenza, criado em 1981) ou, ainda, a praça do Plano Inclinado Liberdade Calçada, lugar central de festa no bairro, rebatizado em 1992 como praça Nelson Mandela.

Independentemente do qualificativo predominante da época — miserável, proletário, de dançarinos ou de negros, cada um traduzindo, em parte, uma verdade —, é sempre um substrato social local, o "povo da Liberdade", que se encontra designado como sujeito coletivo. Há um sentimento de apego ao bairro, um orgulho de pertencimento, inclusive para aqueles que, em situação de mobilidade social ou por simples consequência dos novos ciclos familiares, deixaram o bairro. É esse marco territorial que se pode ver nas palavras de um dos fundadores do Ilê Aiyê, Vovô: "Eu sempre tive orgulho de ser da Liberdade. Naquele tempo tinha bonde. As linhas do bonde eram por número. A Liberdade é linha 8. Tinha música, esse negócio tudo. Qualquer coisa, se alguém mexesse, você dizia que era da linha 8, da Liberdade, e o pessoal sempre tratava você com um certo respeito. A Liberdade, era Liberdade e adjacências. Quem mora no IAPI, Pero Vaz, ninguém diz que mora no Pero Vaz, diz que mora na Liberdade. A Liberdade é tudo aqui. Esse mundo todo é Liberdade. É um bairro muito negro. Um bairro grande. E sempre as coisas acontecem com mais intensidade aqui". É, aliás, em homenagem ao bairro e à sua famosa linha de bonde em direção ao centro da cidade que o bloco Ilê Aiyê imaginou seu tema de carnaval de 2021, "Meu coração é a Linha 8 — Liberdade" (carnaval em edição virtual por causa da Covid-19). Foi então numa rua desse

---

[14] Ariovaldo Matos, *Corta-Braço* [1955], Salvador, EGBA, 1988, p. 33.

[15] Darwin Brandão e Motta e Silva, *Cidade do Salvador*, Companhia Editora Nacional, São Paulo, 1958, p. 174.

bairro, rua do Curuzu, que, em 1974, um grupo de jovens inventou o bloco carnavalesco Ilê Aiyê, que faria sua primeira saída no carnaval da Bahia de fevereiro de 1975, e levaria com ele, ao longo das décadas seguintes, todo um movimento de "reafricanização" do carnaval.

Os negros no carnaval de rua da Bahia (anos 1890-anos 1970)

A história da participação dos negros no carnaval baiano é marcada por um longo processo de criação e consolidação de um espaço próprio, que culminou na invenção dos blocos afro. Para retraçar essa história, é preciso voltar aos primeiros carnavais da Bahia, no fim do século XIX. Costuma-se situar o primeiro carnaval da Bahia em 1884. Era uma festa de aspecto europeu e burguês, como no Rio de Janeiro nessa mesma época. E, como no Rio, o carnaval foi introduzido pelas autoridades públicas contra o entrudo,[16] considerado então excessivamente "grosseiro", "violento" e "bárbaro".[17] No sentido inverso, e num primeiro momento, o carnaval foi uma festa "organizada e coletiva", apresentando então uma grande correção. Seria preciso cerca de dez anos, entre o fim dos anos 1870 e o fim dos anos 1880, para eliminar o entrudo das ruas da Bahia e instalar definitivamente o carnaval feito para os brancos e para a classe média fascinada pelo carnaval europeu e por aquele, igualmente novo, do Rio de Janeiro, a capital do país na época. A partir dessa época, os negros, querendo participar em seus próprios "clubes", chegavam após o desfile principal, no final do cortejo. Para o antropólogo Arthur Ramos existe nos anos 1890, o que ele (bem como Manoel Querino) descreve como um "carnaval africano". Os primeiros clubes africanos do jovem carnaval baiano foram uma nova versão dos cortejos de Embaixadas e coroação de Reis do Congo que existiam no tempo da escravização, pelo menos desde o século XVII. Remontando originalmente aos ritos políticos das regiões

[16] Festa popular portuguesa que deu origem às primeiras manifestações de rua, eventualmente agressivas e violentas, durante o carnaval no Brasil. (N. das T.)

[17] Ver Peter Fry, Sergio Carrara e Ana Luiza Martins-Costa, "Negros e brancos no carnaval da Velha República", in *Escravidão e invenção da liberdade: estudos sobre o negro no Brasil* (João José Reis, org.), São Paulo, Brasiliense, 1988, pp. 232-63.

bantus — alianças entre chefias e cerimônias de entronização —, as festas e a escolha dos reis se vinculavam cada vez menos a pertencimentos étnicos. Essas identidades perderam progressivamente o seu sentido. Finalmente, negros de todas as nações (etnias), livres e inclusive mulatos, puderam ser sacralizados anualmente como reis. As procissões eram realizadas em direção às igrejas, em homenagens a reis e santos; eram organizadas por confrarias católicas reservadas aos negros.

Herdeiros desses antigos cortejos, os dois principais clubes africanos do carnaval baiano foram, em 1895, a Embaixada Africana e, em 1896, o clube Pândegos d'África, este reproduzindo o princípio dos cortejos dos Reis do Congo. Segundo o primeiro etnólogo da cultura afro-brasileira, Nina Rodrigues, no início do século XX a inspiração dos primeiros cortejos africanos do carnaval se encontraria nas festas natalinas, em particular nos ranchos dos reis, pequenos cortejos populares representando a procissão católica dos Reis Magos (6 de janeiro) e organizados por clubes de caráter familiar.[18] Segundo Edison Carneiro, a estrutura desses cortejos (cordas, comissão de frente, porta-estandarte etc.) pôde servir de modelo às escolas de samba dos anos 1930 no Rio de Janeiro.[19]

Foi somente após os clubes africanos, cuja proposta era uma verdadeira correção social nos moldes do carnaval, que surgiram os afoxés.[20] "Candomblé de brincadeira", segundo a expressão retomada por Roger Bastide,[21] os afoxés foram uma transformação dos mais antigos cortejos dos Reis Congo, segundo Edison Carneiro. Após a abolição do regime escravocrata (1888), os negros desses cortejos teriam buscado "o apoio das tradições religiosas africanas, no estado em que elas se encontravam na Bahia", ou seja, no candomblé.[22] Em seguida, a proi-

---

[18] Nina Rodrigues, *Os africanos no Brasil* [1932], São Paulo, Companhia Editora Nacional, 1977, p. 177.

[19] Edison Carneiro, *Folguedos tradicionais* [1974], Rio de Janeiro, Funarte, 1982, p. 137.

[20] Os afoxés são grupos carnavalescos existentes desde o início do século XX, geralmente de pequeno tamanho e com poucos instrumentos, se apresentando como de tradição africana e essencialmente ligados ao culto afro-brasileiro. (N. da E.)

[21] Roger Bastide, *Le Candomblé de Bahia (rite nagô)*, Paris-La Haye, Mouton, 1958, p. 82.

[22] Edison Carneiro, *Folguedos tradicionais*, *op. cit.*, p. 104.

Cortejo dos Reis do Congo, de J. M. Rugendas,
gravura reproduzida em *Viagem pitoresca através do Brasil* (1835).

bição do candomblé na cidade (chamado pelas autoridades de forma depreciativa de "batuque") se estendeu também aos afoxés no carnaval. De 1905 a 1913, "a exibição de costumes africanos e *atabaques*" foi proibida no carnaval. Assim, os afoxés desapareceram por muitos anos, e só ressurgiram na década de 1930. A partir daí viu-se uma ligeira retomada dos afoxés, a criação de algumas escolas de samba (no modelo daquelas do Rio de Janeiro, de onde sairão, mais modestos, os blocos de percussão) e um desenvolvimento dos cordões. Foi durante esses anos que alguns doqueiros do porto da Bahia fundaram os afoxés Folia Africana — dos quais um dos líderes era um membro importante (*ogã*) do famoso terreiro de candomblé do Bate Folha — e Lordes Ideais. Vovô, cofundador do Ilê Aiyê em 1974, conta que seu bisavô paterno, que era estivador no porto da Bahia, foi também fundador e presidente de um bloco carnavalesco chamado Africano Ideal: um bloco da Liberdade, de estivadores e negros, em suas palavras, "um bloco de negro... quer dizer... não era que tinha aquela preocupação de ser, de só sair negro, mas porque eram estivadores e só saíam negros no Africano Ideal". E em 1936, precisamente, o antropólogo americano Donald Pierson observa em sua pesquisa vários pequenos grupos de negros ("batucadas" e "cordões") no carnaval da Bahia, dentre os quais "o Ideal Africano". Ele aponta o caráter informal desses grupos que contam, cada um deles, com cerca de vinte a trinta pessoas no máximo, todas pretas e mulatas, que "cantavam canções africanas batendo com as mãos, algumas usando inclusive roupas africanas".[23]

A partir daqui, pode-se reconstituir o processo que culminou no que se chamou de "reafricanização do carnaval" nos anos 1970 e 1980 na Bahia. Esse processo conheceu três grandes etapas. Houve num primeiro momento a criação do afoxé Filhos de Gandhi, em 1949. Ele nasceu no porto de Salvador, na situação política tensa do pós-guerra, período em que o movimento sindical e político dos doqueiros — quase exclusivamente negros e até então dotados da mais importante e radical força sindical da cidade — sofria forte repressão. O Filhos de Gandhi refletiu uma imagem pacífica e reconciliadora dos trabalhadores do porto que o fundaram. O grupo se opôs a toda e qualquer postura de

---

[23] Donald Pierson, *Brancos e pretos na Bahia*, *op. cit.*, p. 247.

No alto, na Praça Castro Alves, lugar central do carnaval,
o afoxé Filhos de Gandhi, criado em 1949 por estivadores
com mensagem de paz inspirada no líder indiano Mahatma Gandhi.

Acima, o afoxé Korin Efan, criado no final dos anos 1980,
cuja representação se inspira no culto do candomblé.

conflito ou de automarginalização social ou racial. Além das razões locais e conjunturais, essa posição se revelou perfeitamente coerente com os projetos de integração e ascensão social dos negros defendidos pelos movimentos políticos da época, tal como a Frente Negra dos anos 1930. Inicialmente formado como bloco, ele será oficialmente registrado como afoxé em 1961.[24]

O segundo momento desse processo ocorre em meados dos anos 1960, em pleno período de industrialização e modernização da vida urbana, quando surgem os blocos carnavalescos que se diziam de "índios". Nascidos das escolas de samba com as quais eles rompem, os primeiros blocos de índios foram rapidamente caracterizados como grupos de negros, em particular de jovens de bairros populares que buscavam uma apresentação de si claramente diferenciada. O empréstimo de imagens às etnias indígenas lhes permite instaurar um espaço à parte e uma diferença evidente na cena do carnaval. Graças a tal empréstimo étnico, diversos sinais e comportamentos puderam expressar a selvageria, a revolta, a violência, a coragem e o heroísmo. Essas identificações permitiram, portanto, a manifestação de importantes diferenças de caráter étnico e de uma agressividade em relação a outros grupos.[25] A partir de meados dos anos 1960, o carnaval baiano assiste, portanto, a um desfile dos blocos dos Caciques, dos Apaches e dos Comanches. De fato, o empréstimo indígena, em seus primórdios, se enraíza num imaginário global dos filmes americanos de faroeste amplamente divulgados naquela época nos cinemas populares da cidade. Pouco a pouco, ele se fará mais brasileiro. No fim do período hegemônico dos blocos de "índios" e logo no início do período dos blocos afro, ou seja, entre 1976 e 1978, desfilaram no carnaval, dentre os grupos de índios, blocos com nomes e fantasias norte-americanas, mas também blocos cujos nomes e temas remetiam aos grupos indígenas do Brasil: Guaranis, Tupis, Xavantes, Tamoios, Carijós, Indígenas e Penas Brancas. Muitos anos antes, em 1968 (ou seja, dois anos depois da criação

---

[24] Anamaria Morales, "Blocos negros em Salvador: reelaboração cultural e símbolos de baianidade", *Caderno CRH*, vol. 4, 1991, Suplemento — *Cantos e toques: etnografias do espaço negro na Bahia* (Michel Agier, org.), Salvador, CRH-UFBA/Fator, pp. 72-92.

[25] Antônio Jorge Victor dos Santos Godi, "De índio a negro, ou o reverso", *Caderno CRH*, vol. 4, 1991, Suplemento — *Cantos e toques*, *op. cit.*, pp. 51-70.

Na avenida do carnaval, no Campo Grande, o bloco de percussão chamado por ironia “School Samba — Questão de Gosto”.

do primeiro bloco de índios), desfilaram no carnaval três afoxés de caboclo (figura indígena no candomblé afro-baiano): os Índios da Floresta, os Caboclinhos e os Tupinambás.

A invenção dos blocos afro em meados dos anos 1970 representou o terceiro momento da reafricanização do carnaval baiano, introduzindo novos critérios para a busca de identidade dos negros. Alinhando identidade racial e africanismo cultural, ela vai progressivamente retirar dos blocos de índios sua função de distanciamento e de representação de uma alteridade étnica. Os afoxés, por sua vez, foram fortemente retomados graças ao sucesso dos blocos afro no fim dos anos 1970.

2.
HISTÓRIA: DA FUNDAÇÃO DO ILÊ AIYÊ ATÉ HOJE

A criação de blocos carnavalescos faz parte do repertório de iniciativas de grupos de bairro. Esses grupos são compostos por pares, em sua maioria masculinos, formados por parentes (irmãos, primos, cunhados etc.) e/ou vizinhos de rua, geralmente acompanhados por colegas de escola ou trabalho. Os homens mais velhos mantêm relações de grupo para se encontrar nos momentos de folga, para um carteado ou um dominó na esquina de uma calçada, ou para ir a algum pagode. Os mais jovens, por outro lado, multiplicam as iniciativas: passeios de ônibus à praia, torneios de futebol, formação de quadrilhas para as festas de São João, grupos de carnaval etc. Eles constituem o cenário cotidiano da sociabilidade urbana e, às vezes, mais tarde, da criação artística (música, poesia, dança etc.). Numa pesquisa sobre as sociabilidades masculinas e femininas do bairro da Liberdade, pude observar uma continuidade social e uma correspondência moral entre o universo doméstico e o da rua com grupos de pares. Os códigos relacionais são aqueles da vida familiar e doméstica de seus locais de origem: honra, dívida, solidariedade, fidelidade e dominação masculina. Na periferia dos grupos, se encontram as "primas e namoradas" que podem ajudar na organização de passeios à praia ou participar de torcidas dos times de futebol criadas pelos grupos de campeonato de bairro. Esses grupos de predominância masculina tendem a produzir idiomas particulares: dão apelidos aos membros do grupo, inventam nomes para os times de futebol que criam ou para os próprios grupos; e alguns espaços dos sub-bairros (como esquinas de rua, calçadas, bares, campos de futebol etc.) são escolhidos como lugar de encontro. Produção de sociabilidade, de identidade e apego aos locais de convívio são as principais características desses grupos de pares.

Tudo isso aparece nas histórias contadas pelos fundadores do Ilê Aiyê. Assim, a rede que se encontra na origem do bloco está enraizada nos espaços sociais da família, do bairro e da escola: "Com catorze, quinze anos, a gente já fazia essas coisas [programações, festas], desde o tempo de ginásio que a gente já fazia isso", Vovô me contou. "Eu comecei a fazer na Escola Parque [colégio de ginásio], e a turma sempre fez. Era o pessoal da escola e o pessoal da escola também trazia gente de fora. A turma era muito grande. E depois nós terminamos o ginásio e continuamos fazendo. Ficou muito tempo, uns cinco anos. Quando criou o Ilê Aiyê nós paramos de fazer. O pessoal falava muito em fazer um bloco. O relacionamento era muito grande. Então daí para fundar o Ilê Aiyê, não foi difícil não. Eu e Apolônio fizemos o bloco. Apolônio, nós fomos criados muito junto, com a mesma idade, estudava no mesmo colégio, e andava muito junto também, frequentava muito a praia de Itapoã, as programações, time de futebol, festa junina, carnaval, a gente sempre estava sempre junto" (Antonio Carlos dos Santos Vovô).

Seu amigo, Apolônio de Jesus, hoje falecido, também me fez mergulhar no contexto da época, sempre com uma ponta de nostalgia em suas histórias: "Estudei na Escola Parque. Depois eu fiz o curso técnico de mecânico. Tinha a turma da Escola Parque. Foi eu, Vovô também foi da Escola Parque, o finado Valmir. E outras pessoas eram daqui da área mesmo, Roberto foi do Abrigo [outro colégio], Edvaldo foi do Abrigo, Djalma já era bem mais velho do que a gente, foi do Duque de Caxias [colégio], depois foi do SENAI. Mas a base era de pessoas da Liberdade. Assim ao redor da área central, no caso o Curuzu. Tudo aqui mesmo, a maioria é daqui. Curuzu. Progresso. Não era muitos homens não. Na realidade, a formação do Ilê passou muito pela coisa da família. A gente andava junto, tudo junto. Então saiu alguns casamentos. Uns três, quatro casamentos saíram daí. Era coisa de família mesmo, um guetozinho, um grupo mais ou menos fechado, onde pouca gente de fora desse eixo Liberdade-Curuzu tinha acesso. Depois apareceu algumas, mas a coordenação geral ficava bem na nossa mão" (Apolônio de Jesus).

Olhando de perto a formação dessa rede, encontramos dois núcleos escolares (escolas de ensino fundamental I e II do bairro), as escolas Parque e Abrigo. Esses núcleos estão ligados por relações de rua (que datam das primeiras socializações da infância e da pré-adolescência), nos limites de uma área urbana centrada numa rua (a rua Direta do Curuzu). Essa área se tornará a principal zona de delimitação territorial do grupo e se estenderá, para fins de recrutamento, aos entornos imediatos (até a zona adjacente do Progresso, descendo até o setor Santa Mônica, a rua do Curuzu subindo até a estrada da Liberdade). No fim dos anos 1960, o grupo se encontra em diferentes pontos da rua do Curuzu: na esquina com a rua Progresso (hoje Praça da Mãe Hilda, que será mais tarde o primeiro lugar de ensaios do bloco), num mesmo bar logo ao lado (o bar do Chico) e, para as conversas e decisões mais importantes, na casa da família de um dos membros do grupo, Vovô, casa que se tornará, em 1974, a sede do bloco carnavalesco.

O enraizamento da rede nessa casa é um dos pilares da história do Ilê Aiyê. De fato, a família, por seus próprios limites, tende a frear a tendência "natural" das redes que é se abrir em cadeias de relações sucessivas, porém, ela também lhe oferece uma base sólida, estrutural, feita para durar. Esse dilema entre a rede e a família, a abertura e o fechamento, a alteridade e a identidade, vai caracterizar toda a vida do Ilê Aiyê, provocando às vezes comentários críticos, conflitos e até mesmo rupturas, mas garantindo a perenidade do grupo. Dentre os membros da família que participam do núcleo da rede que dará origem ao Ilê Aiyê, há primeiramente um dos dois jovens fundadores do bloco, Antonio Carlos dos Santos, vulgo "Vovô". Como em todos os grupos do bairro, esse apelido, "Vovô", tem uma história: "Meu pai fazia roupa nessa época, fazia paletó, sapato, gostava de andar de chapéu. E quando eu fui estudar eu não tinha sapato, mas tinha paletó. Então eu levava, eu fui uma vez para escola de paletó, que eu usava como agasalho. Aí o pessoal começou a chamar de velho: 'meu avô', 'meu avô'. Ficou". Assim como o grupo do bairro se tornou uma organização de plenos direitos, a identidade de seu dirigente, criada na sociabilidade do bairro, se tornou sua identidade oficial. Ele é, no momento do nascimento do Ilê Aiyê, a principal cabeça da rede. A seu lado estão seu irmão, sua irmã e sua esposa. Mais tarde, o núcleo familiar se expandirá com a chegada de um cunhado. Nos anos 1980, essas cinco pessoas estarão entre os quinze membros da diretoria do bloco Ilê Aiyê. Podemos ainda encontrá-las em 2023 na direção ou no entorno imediato da associação.

Nesse núcleo familiar inicial encontra-se uma figura importante, a mãe do fundador Vovô. Mãe Hilda (1923-2009) é então a mãe de santo do terreiro de candomblé Ilê Axé Jitolu, da nação Jeje Savalu, que ela mesma fundou em 1952, e que fica na mesma casa familiar. A "casa de Mãe Hilda", nome pelo qual a sede do Ilê Aiyê foi localmente conhecida até 2003, data de 1938. Naquele ano, o pai de Hilda, estivador, se instalou na rua do Curuzu, na Liberdade, numa casa de palha que ele reconstruiu em pau a pique. Sua filha, Hilda, nascida em 1923, permaneceu na casa e, depois, continuou morando lá com seu marido, Seu Valdemar Benvindo dos Santos. Ele era o encarregado de um trapiche de piaçava, onde a jovem Hilda trabalhou por algum tempo e assim o conheceu no início da década de 1940. Após a falência do armazém, nos anos 1950, Seu Valdemar se tornou empregado municipal de limpeza e, ao mesmo tempo, alfaiate a domicílio. Nessa casa da rua Curuzu eles tiveram seus cinco filhos, entre eles Antonio Carlos (mais tarde Vovô), nascido em 1952. Nos anos 1990, eu frequentei muito Mãe Hilda e sua casa, e tive muitas conversas com ela. Mais recentemente, em 2023, encontrei sua neta, Valéria Lima, que me apresentou o trabalho de pesquisa e de arquivos que realizou sobre a avó.[26] Cabe lembrar também que o professor nigeriano de estudos africanos da Universidade do Texas, Niyi Afolabi, em um trabalho posterior sobre o Ilê Aiyê, dedica um capítulo em "homenagem ao legado do 'espírito guardião', ou a mãe de Vovô".[27]

Desde a formação do grupo, Mãe Hilda foi uma conselheira ativa dos dirigentes do bloco afro; já o pai, Valdemar, era mais distante (ele faleceu em 1988). Proclamada "madrinha" do bloco, Mãe Hilda se apresentava, muito simplesmente, como "a mãe do inventor", buscando sempre separar o que remete ao candomblé do que remete ao carnaval. O fato é que as funções simultaneamente familiares, religiosas e culturais da casa onde nasceu a rede que deu origem ao Ilê Aiyê certamente explicam o destino particular dessa turma de bairro que, de resto, mantém forte semelhança com a vida comum dos bairros populares de Salvador e de muitos grupos de carnaval que surgiram dali.

---

[26] Valéria Lima, *Mãe Hilda, guardiã da herança cultural, memória e tradição africana*, Salvador, Instituto Sociocultural e Carnavalesco Ibásoré Iyá, 2014.

[27] Niyi Afolabi, *Carnaval e política: o Ilê Aiyê e a reinvenção da África*, Salvador, Edufba, 2020, pp. 113-46.

Cotidiano de Mãe Hilda na sua casa na rua do Curuzu, na Liberdade;
no alto, com uma de suas filhas.

Cerca de vinte amigos, parentes e vizinhos, que tinham à época entre 15 e 20 anos, desenvolveram, assim, desde o fim dos anos 1960, um leque cada vez mais amplo de atividades de lazer. As primeiras iniciativas do grupo consistiram em organizar passeios à praia, formar quadrilhas para as festas de São João que ensaiavam no salão de cerimônia do terreiro de Mãe Hilda e se fantasiar para saírem juntos no carnaval. Dentre todas essas iniciativas, há a criação de um time de futebol de bairro chamado "Vitorinha" (referência ao Vitória, time de Salvador, de camisa preta e vermelha, considerado próximo da classe média e superior). "Era muito comentado esse time aqui, só jogava negão. E aqui na Liberdade esse negócio sempre dava: bairro de negão, não sei o quê. O branco que vinha aqui, morava aqui, tinha que se enquadrar no esquema: negão briga. Só tinha um branco que jogava aqui, era o único cara. Era gozação [quando] jogava no time" (Antonio Carlos dos Santos Vovô). "Era eu, Vovô, Macalê, Vandinho, Nivaldo irmão de Vovô, e Arnaldinho que não era negro, mas era envolvido com o grupo da gente. Porque quando depois formou o Ilê, ele não saía no bloco, mas era envolvido" (Apolônio de Jesus). O grupo, que organizava festas, excursões e passeios no São João e no carnaval, era conhecido como "zorra": "era 'a zorra ataca novamente'. Era 'a zorra'. Era o grupo" (Apolônio de Jesus). Durante alguns anos, todo um substrato relacional e quase profissional se formou dentro do grupo de adolescentes que se tornaram jovens adultos, possibilitando em seu interior a imaginação e a realização de um novo bloco carnavalesco.

A data oficial de fundação do Ilê Aiyê é 1º de novembro de 1974. Alguns dias antes, na verdade, em um dos locais de encontro, o bar do Chico, na pracinha da rua do Curuzu, parte do grupo se encontra para conversar sobre o próximo carnaval (previsto para fevereiro) com os dois líderes — os amigos, vizinhos e ex-colegas de escola Vovô e Apolônio (ambos com 22 anos à época). Naquele momento, os dois tinham acabado de concluir a escola técnica e estavam realizando estágio em empresas do polo petroquímico. Isso também se relaciona à formação de uma autoimagem que inclui competência e racionalidade, lhes dando confiança de competir com os outros, tanto no mercado de trabalho e da respeitabilidade social como num setor particular como a gestão do carnaval, em que os negros são geralmente ausentes. E os membros do grupo já haviam desfilado em outros carnavais, tanto em pequenos grupos, todos vestidos com a mesma mortalha, como nos blocos ditos de "índios". Apolônio foi membro ativo do bloco dos Apaches durante muitos anos e, à época, a maioria do grupo saía nos blocos de índios no carnaval. Vovô saiu uma vez em outro bloco de índios, o Viu Não Vá, uma dissidência dos Apaches.

À experiência que iria nascer, Vovô traria um espírito empreendedor e uma vivência de líder na organização dos lazeres coletivos. E a presença de um terreiro de candomblé em seu núcleo familiar permitiria ao grupo reivindicar de maneira legítima uma inspiração cultural africana para sua identidade e para o seu aparato ritual, diferente de todas as outras, ainda que os jovens reunidos nesse primeiro grupo não apresentassem engajamento pessoal na religião do candomblé nesse momento. Apolônio, por sua vez, sabia exatamente o que estava em voga na cena popular dos blocos de carnaval, onde circulava bastante. Ele conhecia cantores, compositores de samba e mestres de bateria, personagens essenciais para marcar o ritmo dos blocos. Conhecia também os projetos abordados aqui e ali pelos animadores negros e mestiços dos blocos de índios. Esses projetos se alimentavam bastante da irrupção na cena política internacional de movimentos negros radicais e movimentos independentistas africanos.

De fato, nesse início dos anos 1970, o mundo produz imagens violentas de revoltas raciais e de organizações políticas de negros. Os movimentos dos Black Panthers (os Panteras Negras) e da *Soul Music* nos Estados Unidos são frequentemente citados como referências da juventude negra de Salvador à época. Esses movimentos, nascidos no início da década precedente, têm por líderes Malcolm X, Martin Luther King ou Angela Davis. Todos farão parte, bem mais tarde, do panteão de heróis do bloco Ilê Aiyê, ao lado de Nelson Mandela e Steve Biko. A década de 1970 também é marcada, em Londres, por violências raciais contra populações originárias do West Indies (antigas Antilhas Britânicas), em 1970, e depois pela transformação, em 1976, do carnaval de Notting Hill (bairro popular da capital inglesa) em um carnaval negro, cujo imaginário se alimenta de uma redescoberta da cultura afro-caribenha. É ainda nessa mesma época que nasce, na África do Sul, o Movimento da Consciência Negra, que tem como líder Steve Biko. Inspirado na ideologia dos Black Panthers, o movimento de Steve Biko propunha uma estratégia de exclusão dos brancos, mais próxima, nesse sentido, das teses racialistas do Congresso Pan-Africano do que daquelas, a-raciais, do Congresso Nacional Africano de Nelson Mandela. Os países africanos lusófonos são palco, nesses mesmos anos, de uma nova efervescência após as mudanças políticas de Portugal, com a Revolução dos Cravos de abril de 1974 e sua nova política de descolonização. Os portugueses deixam a Guiné-Bissau em 1974, Moçambique se tornará independente em 24 de junho, e Angola em 11 de novembro de 1975. Esta última data entrará bem mais tarde no calendário de comemorações do bloco Ilê Aiyê, quando o líder moçambicano Samora Machel fará parte de seus heróis de referência. Por fim, a Jamaica vê surgir o *reggae*, cujos autores (Bob Marley em primeiro lugar) se inspiram no rastafári, movimento religioso e africanista que situa as origens e os ídolos da cristandade na Etiópia. Enquanto isso, no Brasil, a *Soul Music* se espalha principalmente pelos bailes souls do Rio de Janeiro. Em São Paulo, em meados da década de 1970, movimentos contra a discriminação racial começam a ter lugar — eles desembocam em 1978 na criação do MNU (Movimento Negro Unificado), para a qual, aliás, o bloco Ilê Aiyê contribuirá, assim como participará com regularidade de todas as iniciativas do movimento negro de caráter político ou cultural, e também nacional.

Nesse contexto do início dos anos 1970, fala-se cada vez mais em um bloco de carnaval só para negros na Bahia. Um dos fundadores do Ilê Aiyê, Apolônio de Jesus, participa ativamente das discussões e é ele quem finalmente sugere a seu amigo Vovô a criação de um bloco reservado aos "negões", como este último me contou: "Eu e Apolônio, nós fundamos... Teve a ideia de fazer um bloco aqui na Liberdade, bloco de índio, não sei o quê. E um dia nós sentamos aí no largo e ele me propôs: 'Vamos fazer um bloco, só de negão?', e aí começamos a conversar... Depois que fundamos, a gente chamou outras pessoas para trabalhar. Mas para começar o bloco, era só nós dois" (Antonio Carlos dos Santos Vovô). E Apolônio, por sua vez, dá detalhes da discussão: "O pessoal sempre pensou em fazer um bloco assim, de pessoas negras, pessoas que fossem envolvidas com cultura negra, tanto que eles pensaram em fazer esse bloco, talvez antes lá pelo lado da Federação, lado do Garcia [bairro onde nasceu, em 1966, o primeiro bloco de índio, Caciques do Garcia]. Mas eles não conseguiram dar pique. Aí cá, resolvemos fazer: 'Nós vamos fazer? — Vamos, o número que der a gente vai para rua assim mesmo! Vai ser um bloco no estilo africano', porque aí ficava mais fácil, porque normalmente a grande massa nossa era, como até hoje é, a Liberdade, era um bairro assim de predominância de pessoas da cor negra. Então: 'Vamos fazer um bloco que relembre a África, um bloco onde a gente se sinta mais à vontade'... A África seria assim o grande oásis" (Apolônio de Jesus).

A três meses do início do carnaval, o pequeno grupo decide então criar um bloco "no estilo africano" do qual só negros poderiam participar. O primeiro folheto de propaganda do bloco o apresenta como "apenas um bloco original. São os africanos na Bahia". Rapidamente, cerca de vinte pessoas se reúnem, entre elas o grupo dos passeios à praia e do futebol, alguns primos, irmãs e esposas. Os primeiros instrumentos de percussão são comprados graças à renda das caminhadas que o grupo organiza aos domingos. Um por um, os atabaques, os surdos e alguns agogôs são reunidos. Amigos e conhecidos (percussionistas, cantores, compositores amadores) vindos dos blocos de índios se envolvem. Os primeiros ensaios acontecem no domingo de manhã, quando não há passeios de praia organizados, depois passam a ser no sábado. Eles acontecem na pracinha do Curuzu, local de encontro habitual do grupo. Aliomar, membro do grupo de fundadores, vice-presidente do Ilê Aiyê de 1981 até hoje, conta: "A gente se encontrava às nove, dez horas da manhã e batucava até a hora que dava, para poder chamar atenção. Ia espalhando com os conhecidos, amigos. As pessoas mais chegadas foram se ligando. A gente começou aos domingos, durante o dia, depois a gente mudou para sábado, antes ainda desse primeiro carnaval... No Curuzu já tinha meninos conhecidos. Tinha meninos que tocavam timbal, tocavam muito bem e que normalmente iam nos passeios. E tinha o pessoal que tocava um sambinha legal. Aí a gente tocava, fazia samba, ia para festa de largo, começava a fazer esses ensaios. E com muita dificuldade a gente ia comprando um instrumento hoje, instrumento amanhã, até formar um grupinho que desse para acompanhar música".

A informação que mais circulou durante os três meses que separaram a criação do bloco da sua primeira saída no carnaval foi a decisão de só admitir negros. Nos primeiros dias, essa medida adotou um aspecto caricatural que, desde então, desapareceu, mas ajudou a divulgar o movimento nas comunidades negras e na classe trabalhadora de Salvador: segundo rumores, os níveis de melanina eram medidos arranhando a pele com a unha, e vários depoimentos de pessoas que queriam se tornar membros do bloco mencionavam a famosa fórmula como resposta: "Escureça e apareça", amplamente divulgada na época. O clima das relações raciais era então marcado pelo chamado "preconceito de não ter preconceito", ou seja, pelo fato de o racismo constituir um assunto tabu e a "democracia racial", uma interpretação oficial das relações raciais no Brasil desde os anos 1930.[28] A tal ponto que os próprios fundadores do projeto tiveram dificuldades para se convencer dos méritos de uma atitude tão rebelde, voluntária e explícita. Mas essa atitude teve como efeito assustar alguns e atrair outros simultaneamente. Todos os relatos testemunham da audácia dos fundadores diante das críticas previsíveis que não deixaria de suscitar a exclusividade racial anunciada em torno do grupo. Além disso, no contexto de um regime militar instalado por um golpe de Estado, muitos temiam uma repressão policial que incidia há anos sobre todo tipo de denúncia política e social.

O primeiro carnaval (1975)

Todos os relatos enfatizam o número reduzido e a determinação do núcleo inicial daquelas e daqueles que se tornariam, mais tarde, os fundadores autênticos, geralmente citando seus nomes. Depois, e por anos a fio, as declarações oficiais do grupo irão se vangloriar da "coragem destes oitenta heróis valorosos" da fundação.[29] Enumerar os nomes dos fundadores do bloco é uma das funções das narrativas de gênese, muito próximas, nesse sentido, das etnogêneses. Esse fenômeno de identificação e glorificação dos antigos prolonga sua existência por meio de uma verdadeira categoria de prestígio sociorritual, a dos "fundadores", formada pelos incontestáveis presentes na primeira saída, ou seja, pouco menos de cem pessoas, alguns falecidos e outros hoje com idades entre 65 e 80 anos.

---

[28] Ver Florestan Fernandes, *A integração do negro na sociedade de classes* [1964], São Paulo, Ática, 1978. A ideologia da "democracia racial" é uma construção histórica que se alimentou tanto da política nacionalista e de seu projeto de criar a identidade do povo brasileiro a partir de sua "miscigenação", como do olhar estrangeiro, sobretudo de intelectuais americanos e europeus, surpresos pela ausência de conflito racial (ver as análises de Antonio Sérgio Guimarães, em particular *Classes, raças e democracia*, São Paulo, Editora 34, 2012).

[29] Pronunciamento do bloco carnavalesco Ilê Aiyê no V Encontro de Negros Norte-Nordeste, Salvador, 8 de maio de 1985, 3 p. ms, p. 1.

Bloco carnavalesco

ILÊ - AIYÊ 75

Ilê - Aiyê: apenas um bloco original

SÃO OS AFRICANOS NA BAHIA

Inscrições: — Largo do Curuzú —

Procurar: Apolonio - Vovô - Roberto - Lio - Jailson

- uma promoção almir araujo

"São os africanos na Bahia", o primeiro folheto de divulgação da criação do bloco Ilê Aiyê, no final de 1974.

Os primeiros participantes haviam aderido ao grupo Ilê Aiyê atraídos pelo evento da sua afirmação racial, seguindo os círculos de relações dos membros do grupo inicial, colegas e vizinhos do bairro — os elos de cada um funcionando como redes de informação muito eficientes. O bairro da Liberdade, os blocos carnavalescos de "índios", a festa da bênção no Terreiro de Jesus, a Escola Técnica Federal e a Escola de Formação Profissional Industrial (SENAI) foram os espaços sociais de onde vieram os primeiros participantes alcançados por essa rede de sociabilidade urbana. Um segundo círculo foi assim constituído em torno do primeiro grupo, e o conjunto formou o bloco Ilê Aiyê, cuja primeira saída foi no sábado de carnaval, 8 de fevereiro de 1975. O número total oscilou, segundo os relatos de uns e outros, entre 100 e 150 pessoas.

Naquele dia, a improvisação dominou, num clima de grande emoção. Havia quinze instrumentos no máximo, "entre timbal, pique e marcação... e voz, muita voz, agogô para levantar", contou Aliomar, também fundador. De repente um corte de luz no meio da ladeira do Curuzu. Uma roupa feita com um tecido comprado numa loja da Liberdade e amarrado no corpo — branco estampado de vermelho e amarelo, os diretores com cores de "folhagem verde, no estilo africano", contou-me uma das primeiras participantes, a irmã de Vovô, Hildete dos Santos Lima (a Dete), ainda hoje integrante da diretoria do Ilê: "Só saiu com uma placa com o nome do Ilê. Saímos com um carro de som, um carro pequeno. Eu não sei se foi um Fusca, mas quando chegou no Campo Grande, o som pifou! E nós saímos cantando, batendo na palma da mão e cantando sem o som mesmo. Apolônio, Lio puxando as músicas, César Maravilha puxando as músicas, e todo o povo respondendo. E as pessoas estavam assim: umas assustadas, outras chorando. Porque teve pessoas que não quis no primeiro ano, achando que não ia ter uma boa aceitação e que a polícia fosse dar em cima. Aí teve pessoas que não acreditou também no trabalho, não quis sair e chegou na hora, chorou quando viu, e aquelas outras pessoas também perguntando que bloco era esse, da onde que era". Levantando cartazes com os dizeres "Poder Negro", "Mundo Negro", as vozes tiveram que se unir em coro para que seus primeiros sambas fossem ouvidos: "Que bloco é esse? Que eu quero saber/ É o Mundo Negro que viemos cantar pra você/ Somo crioulo doido, somo bem legal/ Temo cabelo duro, somo black power/ Branco, se você soubesse o valor que o preto tem/ Tu tomava banho de piche, e ficava preto também" (Paulinho Camafeu, "Ilê Aiyê", 1975).

Os primeiros passos do Ilê Aiyê na avenida do populoso carnaval baiano foram marcados por um clima de emoção em que se misturavam o medo de uma forte repressão e o sentimento de viver uma experiência inédita. E, de fato, as reações não demoraram a chegar. O mais importante jornal regional, *A Tarde*, publicou, no dia seguinte ao carnaval de 1975, um artigo que ficou famoso na história do carnaval da Bahia por seu tom de censura, com o título "Bloco racista, nota destoante":

> "Conduzindo cartazes onde se liam inscrições tais como: 'Mundo Negro', 'Black Power', 'Negro para Você' etc., o Bloco Ilê Aiyê, apelidado de 'Bloco do Racismo', proporcionou um feio espetáculo neste carnaval. Além da imprópria exploração do tema e da imitação norte-americana, revelando uma enorme falta de imaginação, uma vez que em nosso país existe uma infinidade de motivos a serem explorados, os integrantes do 'Ilê Aiyê' — todos de cor — chegaram até a gozação dos brancos e das demais pessoas que os observavam do palanque oficial. Pela própria proibição existente no país contra o racismo é de esperar que os integrantes do 'Ilê' voltem de outra maneira no próximo ano, e usem em outra forma a natural liberação do instinto característica do carnaval.
>
> Não temos felizmente problema racial. Esta é uma das grandes felicidades do povo brasileiro. A harmonia que reina entre as parcelas provenientes das diferentes etnias, constitui, está claro, um dos motivos de inconformidade dos agentes de irritação que bem gostariam de somar aos propósitos da luta de classes o espetáculo da luta de raças. Mas, isto no Brasil, eles não conseguem. E sempre que põem o rabo de fora denunciam a origem ideológica a que estão ligados. É muito difícil que aconteça diferentemente com estes mocinhos do Ilê Aiyê."
>
> (*A Tarde*, 12 de fevereiro de 1975)

Rapidamente tachado de "racista", o bloco foi também objeto de grande curiosidade e de uma forte atração que se manifestaram, mais tarde, nos meios artísticos interessados pelas criações carnavalescas populares (Caetano Veloso e Gilberto Gil, sobretudo, contribuíram divulgando o Ilê Aiyê no início dos anos 1980). Mas esse interesse se manifestou principalmente, e muito rapidamente, entre os jovens negros dos bairros populares da cidade. Os cem participantes do início se tornaram trezentos no ano seguinte, depois quinhentos no outro ano, mais de mil no quarto ano, oscilando em torno de 2 mil participantes entre meados dos anos 1980 e início dos anos 2000, e contando desde então com cerca de 3 mil a 3.500 participantes a cada ano. Pouco a pouco, um estilo se desenhou e rituais foram inventados, nos quais um certo africanismo se elaborou, tanto para o carnaval como para além do período carnavalesco.

A seguir, pretendo traçar a transição do grupo de amigos turbulentos e criativos para uma associação cultural, social e política de primeiro plano na Bahia e para uma empresa e ONG de alcance local e global. Quatro fases podem ser identificadas na formação do Ilê Aiyê e na caracterização progressiva de sua identidade. Depois de uma primeira fase mais informal, marcada por uma única apresentação carnavalesca de sucesso que fez o bloco crescer nos primeiros anos (1975-1981), uma segunda fase mostra a passagem para um engajamento político mais forte com a participação no movimento negro brasileiro e com foco na cultura (1982-1988). Depois, um terceiro momento oscila entre o contexto associativo local e ainda familiar (de dimensão social, educativa etc.) e o contexto empresarial privado (1989-2002). Com a instalação em uma imponente sede nova em 2003, construída na mesma rua onde o bloco nasceu, inicia-se uma era de consolidação e transmissão na qual o Ilê Aiyê articula a atuação local e a contribuição à cultura afro global.

Primeiro período: o bloco carnavalesco (1975-1981)

A partir dos temas (enredos) dos desfiles do Ilê Aiyê, a primeira fase aparece como a mais exótica no quesito etnias e países homenageados — países às vezes completamente desconhecidos (sobretudo quando conhecemos a fragilidade do ensino da história africana nas escolas brasileiras) ou vistos como os mais primitivos, talvez escolhidos pela sonoridade estranha de seus nomes (Watutsi, Ruanda, Zimbábue) ou pela forte impressão de "distanciamento" que causavam (Congo-Zaire,

SALVADOR E OS CIRCUITOS DE CARNAVAL

Camarões). Tais efeitos de exotismo linguístico ou geográfico estão enraizados numa inspiração em descrições hegemônicas, muito "ocidentais". É como se todas essas escolhas quisessem reproduzir o tom do primeiro folheto divulgado pelo bloco semanas antes do carnaval de 1975: "São os africanos na Bahia".

O desejo de parecer africano conjugado à antecipação da primeira experiência carnavalesca produziu, de antemão, uma invenção inesperada. A música que ganhou o primeiro concurso de sambas do Ilê Aiyê no começo de 1975, intitulada "Kose kose", terminava com um longo verso em língua supostamente "africana". Tratava-se, na realidade, de uma criação de autores que fizeram passar por africano um verso aprendido num coral da igreja de São Bento, inicialmente cantado em latim e vagamente rememorado para o carnaval. O primeiro signo linguístico de africanidade do Ilê Aiyê adquiriu, portanto, uma dimensão esotérica: "Nora nina ore/ Koa koa/ Kasa ete ete/ Nora nina ore/ Koa koa/

Olo niti niti/ Koa kosa/ Kose kose" (Apolônio de Jesus, Aliomar de Jesus Almeida, "Kose kose", 1975).

Esse período corresponde a uma fase em que o bloco é frequentemente tachado de "racista". Com exceção do primeiro ano, o Ilê não será mais mencionado nos jornais locais antes de 1979. No entanto, o grupo atrai cada vez mais simpatia e adesão em sua busca, passo a passo, por raízes africanas. Além de o Ilê Aiyê ter se tornado um lugar de encontros e criações artísticas da música popular, as inscrições no bloco não param de aumentar desde o princípio. Como vimos, de cerca de 150 participantes no primeiro ano, o Ilê passa a ter mais de mil membros a partir do quarto ano.

No que diz respeito à organização, é um período marcado por muita improvisação e pouco controle. Parcos vestígios de documentos podem ser encontrados nos arquivos. Os inscritos no bloco não são registrados regularmente. As criações culturais aparecem cada vez mais, mas sem encontrar sua forma definitiva. Além do ritual de saída conduzido por Mãe Hilda, mãe do cofundador, e inspirado no padê do candomblé,[30] que começou já no primeiro carnaval, a missa católica de comemoração da fundação do bloco aconteceu pela primeira vez no dia 1º de novembro de 1978, para marcar o início do quinto ano do bloco. A festa da "Mais Linda Crioula" (1979) se tornará, no ano seguinte, a "Noite da Beleza Negra". A partir de 1979, a estampa da vestimenta do Ilê Aiyê passa a ser feita sob medida por um artista de renome (J. Cunha). A imagem pública do bloco melhora progressivamente, graças à originalidade e à elaboração estética de suas apresentações carnavalescas. Cerca de dez outros grupos de carnaval afro se formam ao longo desse primeiro período. Por um lado, o sucesso do Ilê Aiyê suscitou rapidamente vocações similares na Liberdade e em outros bairros populares e negros; por outro lado, a partir desse primeiro grupo fundador, algumas segmentações aconteceram e produziram, seja em razão de rupturas conflituais ou mediante o apadrinhamento complacente do grupo original, novos blocos carnavalescos de identificação "africana". Dentre eles, Alufá Tendê (carnaval de 1978), Malê Debalé, Badauê, Babá Obatalá (carnaval de 1979), Araketu, Puxada

[30] O padê é o ritual de "abertura dos caminhos", realizado no início das festas de candomblé, e em homenagem a Exu, orixá intermediário entre humanos e espíritos, protetor das entradas e dos limiares. (N. da E.)

O emblema do Ilê Aiyê, criado pelo artista visual J. Cunha.

Axé e Olodum (carnaval de 1980), Orunmilá e Muzenza (ambos fundados no amanhecer do carnaval de 1981). Em 1980, a categoria "Bloco Afro" é oficialmente criada pela administração do carnaval, provocando mais uma vez polêmicas a respeito do conteúdo racista de tal medida, separando os blocos afro das outras entidades carnavalescas. O Ilê Aiyê é então considerado o melhor representante dessa categoria. O mesmo jornal local, que cinco anos atrás acusava o grupo de racista, destaca agora sua qualidade e as mais belas fantasias dos blocos afro, o Ilê Aiyê ocupando o topo da lista dos comentários (*A Tarde*, 19 de janeiro de 1980).

No fim desse período, um dos dois cofundadores do bloco, Apolônio de Jesus, deixa o Ilê no momento em que ele deveria reassumir a presidência. Os dois amigos haviam decidido, desde a fundação do bloco, se alternar na presidência a cada três anos. Apolônio havia sido presidente durante os três primeiros anos, depois foi a vez de Vovô nos três anos seguintes; em princípio, era então a vez de Apolônio assumir a liderança do Ilê Aiyê para o carnaval de 1981. Mas nesse momento, o bloco se encontra inteiramente instalado na casa do outro cofundador, isto é, Vovô, cuja família controla a administração e a caracterização cultural do grupo. Enquanto Apolônio se destaca como especialista do meio carnavalesco, seu colega é um empreendedor mais eficaz e sua vida familiar se encontra cada vez mais implicada na do bloco, cuja sede fica na casa de sua família, também terreiro Ilê Axé Jitolu. Deixando o Ilê Aiyê em reação a esse controle familiar, Apolônio funda no mesmo ano outro bloco carnavalesco, o Orunmilá, que ele substituirá cinco anos mais tarde por um afoxé, o Oju-Obá. No ano em que Apolônio deixa o grupo, em 1981, Vovô abandona seu emprego de operador de processos numa empresa do polo petroquímico de Salvador (a Cobafi), onde trabalhava em turnos de revezamento desde 1979. A partir desse momento, ele passa a apresentar em sua carteira de trabalho o título de produtor cultural e retoma o controle do bloco. Ele introduz novos membros na diretoria, que na época contava com cerca de dez pessoas, e nomeia como vice-presidente Aliomar de Jesus Almeida, outro membro fundador do bloco que compartilha de suas escolhas estratégicas, e começa a dar um novo impulso ao Ilê Aiyê.

Segundo período: o movimento cultural (1982-1988)

Um segundo período, notável por uma africanização mais elaborada nos temas de carnaval, se inicia. Para preparar os enredos, são realizadas pesquisas sistemáticas com a colaboração de artistas e universitários. Organizam-se viagens graças a financiamentos públicos e patrocinadores privados aos países a serem encenados no desfile: Angola, Senegal, Benin. Os enredos dão mais ênfase aos aspectos políticos ou culturais desses países (Mali-Dogon, Ghana-Ashanti, Angola, Benin, Senegal). Nesse momento, os enredos, que geralmente despertam pouca atenção da parte dos blocos de percussão, se transformam para o Ilê Aiyê em "pesquisas-tema". Elas consistem em relatórios com cerca de uma dezena de páginas, escritos para os compositores de samba com informações geralmente bastante elementares sobre os países africanos, suas etnias, seus heróis e suas tradições. É assim que uma das linhas do projeto pedagógico anunciado pelo Ilê Aiyê para a população é desenvolvido, visando promover uma valorização das origens africanas. As pesquisas-tema permitem encenar e musicalizar regiões, cidades, rios, etnias e antigos heróis africanos, cujos nomes eram até então totalmente desconhecidos da juventude baiana. Gradualmente, passa-se a con-

Cartaz da 8ª Noite da Beleza Negra, organizada pelo Ilê Aiyê em 1987.

viver com temas e heróis africanos ou afro-americanos pertencentes à atualidade imediata.

Nesse período, o Ilê Aiyê se afirma como bloco carnavalesco e como movimento cultural. Por um lado, um administrador é contratado (parente por afinidade do presidente), permitindo um acompanhamento mais rigoroso dos associados e das despesas. Por outro lado, cria-se e consolida-se uma série de atividades que se tornarão, em alguns anos, os principais marcadores de identidade do grupo: a festa da Beleza Negra, o dia da Mãe Preta (1983), o mês do Novembro Azeviche (1982). O grupo recebe uma companhia de teatro. O lançamento do primeiro disco de sambas do Ilê Aiyê, *Canto Negro*, acontece em 1984. Com o mesmo título, o grupo divulga a cada ano, entre 1982 e 1988, um pequeno livreto contendo as letras dos principais sambas do bloco. Muitas vezes, o número dos inscritos ultrapassa 2 mil. Outros acontecimentos anunciam a fase seguinte, que será mais associativa: o reconhecimento oficial do grupo como Associação Cultural em 1986 e a criação da escola primária comunitária do Ilê Aiyê, em 1987, na casa de Mãe Hilda, na rua do Curuzu.

De modo geral, predomina nesse período a representação pública do Ilê Aiyê como "bloco da raça" e a função ideológica associada a essa imagem. O essencial do seu engajamento se faz na valorização estética dos negros e na ritualização das referências culturais afro. Esse período é, em Salvador, o do desenvolvimento do emprego no polo petroquímico, tema que ocupa, por certo tempo, o primeiro plano da atualidade local (há uma greve geral em 1985). Esse fato é muito importante para o Ilê Aiyê, pois ele tem a reputação, naquele momento reforçada, de ter sido criado por jovens operários do polo petroquímico e de ser um "lazer de classe média" ou voltado para "negros boçais".[31] É ao longo dessa fase mais ideológica que os dois fundadores do Ilê Aiyê se engajam, porém, sem sucesso, em batalhas eleitorais municipais (para o cargo de vereador): Apolônio é candidato em 1982 pelo partido de direita Partido Democrático Social (PDS) e obtém pouco menos que 450 votos; Vovô se engaja pela primeira vez em 1988 numa lista do Partido Democrático Trabalhista (PDT), tendência populista de esquerda, e obtém oitocentos votos, sendo necessário cerca de dez vezes mais para ser eleito.

Muitos blocos carnavalescos afro são criados ou reorganizados ao longo do período, e alguns afoxés nascem ou renascem, dinamizados pelo sucesso do estilo afro. Aparecem assim, além do Muzenza e do Orunmilá já citados, os blocos Afrekete, Senzala, Abisi Aiyê, Obá Niger, Obá Dudú, Alafin, Mundo Negro, Ébano, Aguinaé e muitos outros, todos mais ou menos efêmeros. No mesmo período, em 1983, o grupo

---

[31] O termo "boçal" foi historicamente empregado na Bahia para designar o escravizado recém-chegado da África e que ainda não falava o português; mais recentemente, sem perder sua carga pejorativa, passou a ser empregado para designar operários negros recém-saídos da pobreza, negros em situação de ascensão social etc., e supostamente desajustados. (N. da E.)

Olodum (fundado em 1979) é reorganizado por uma nova equipe cujo líder, João Jorge Rodrigues, e o mestre de bateria, Neguinho do Samba, vêm do Ilê Aiyê. Suas festas, realizadas no Centro Histórico de Salvador, passam a fazer um sucesso popular sem igual, se comparadas com as de outros blocos. Além disso, ouve-se um novo ritmo de percussão que se tornará, sob o nome de samba-*reggae*, o emblema musical do movimento cultural que então se espalha. Afoxés antigos (como Filhos de Gandhi, Império da África) encontram uma nova energia e outros emergem por toda parte (Oju Obá, Korin Efan, Monte Negro, Troca Africana, Okambi, Filhos do Olorum, Tenda de Olorum, Os Babalorixás, Ataojá etc.). No fim dos anos 1980, o carnaval reafricanizado de Salvador é um fenômeno estabilizado que reúne cerca de 25 mil participantes em suas festas, suas comemorações e seus desfiles. Quatro grandes grupos dominam esse novo carnaval africano: os blocos Ilê Aiyê, Olodum e Muzenza, e o afoxé Filhos de Gandhi. Ao mesmo tempo, o movimento cultural negro da Bahia começa a chamar muita atenção local e nacionalmente, sendo tema de pesquisas e artigos midiáticos e universitários.

Esse período se encerra com a preparação do carnaval de 1988, celebrando o centenário da abolição da escravidão no Brasil. O tema escolhido para o conjunto do carnaval da Bahia naquele ano é "Bahia de Todas as Áfricas". Africanização bem-sucedida? O Ilê Aiyê, por sua vez, vai mais longe na fusão do carnaval e da realidade: ele se apresenta naquele ano com o tema do Senegal, integrando em seu desfile autênticos diplomatas e dançarinos senegaleses.

Terceiro período: da associação à empresa (1989-2002)

A partir de 1988-1989, uma terceira fase da história do Ilê Aiyê vê se desenvolver um estilo marcado pelo engajamento associativo e por uma politização mais sólida. No que se refere aos temas do bloco no carnaval, os países interessam menos do que os fatos políticos e a história dos negros brasileiros. É o caso do tema "República de Palmares (Quilombo)", em 1989, e "Revolta dos Búzios",[32] celebrada em

[32] A Revolta dos Búzios (também chamada Revolta dos Alfaiates, dado que vá-

1991. No carnaval de 1992, o tema foi a resistência negra contra o *apartheid* na África do Sul. Esse tema retomava a referência à terra de origem (Azânia), empregada na África do Sul por diversos movimentos étnicos. O "Sonho Africano da América Negra" foi o tema de 1993. Sua preparação envolveu uma viagem aos Estados Unidos e contatos com representantes dos movimentos negros norte-americanos. A estreia do filme *Malcolm X*, de Spike Lee, em 1992, contribuiu significativamente para divulgar o tema junto ao grande público. "Bahia, Nação Africana" foi o enredo de 1994 e, em 1995, o Ilê Aiyê antecipa as comemorações do tricentenário da morte de Zumbi, homenageando as "Organizações da Resistência Negra" brasileira — os dois polos referenciais da chamada resistência eram o quilombo de 1695 e o Ilê Aiyê de 1995, traçando uma ponte de três séculos.

Além dos textos de pesquisa sobre o tema transmitidos aos compositores, o bloco publica de 1992 a 1995 um boletim (o *Omondo*) destinado aos associados, no qual são divulgadas as letras dos sambas do bloco para o carnaval seguinte, recomendações sobre como se comportar na rua e textos explorando o tema abordado com mais profundidade. Encontramos igualmente slogans e citações pronunciadas por líderes negros internacionais (Malcolm X, Nelson Mandela, Steve Biko etc.) e pelo presidente do Ilê Aiyê. A partir de 1995, o boletim é substituído pelos *Cadernos de Educação*, mais elaborados.

Amplamente reconhecido como um dos principais blocos carnavalescos da Bahia (fora da competição desde 1982, após três vitórias consecutivas na categoria "afro", criada em 1980), como referência de afirmação racial (bloco dos negros) e cultural (graças a vários africanismos cuja ritualização continua em vigor), o Ilê Aiyê assume, nesse período, uma dimensão mais associativa e empresarial. A associação, cujos estatutos foram registrados em 1986, recebe da prefeitura o título de Utilidade Pública em 1989, o que lhe permite se beneficiar de subvenções externas.

No que diz respeito à sua organização, sucessivas cooptações entre 1988 e 1994 contribuem para a renovação da diretoria, seguindo

---

rios de seus participantes exerciam esse ofício) é referida na historiografia tradicional como Conjuração Baiana, um movimento de caráter emancipatório ocorrido em 1798-1799, que contou com grande participação de escravizados e ex-escravizados, e teve a cidade de Salvador como epicentro. (N. da E.)

uma média equilibrada entre parentes próximos ou amigos e militantes intelectuais do movimento negro. Além disso, desde 1988, membros não fundadores passam a fazer parte da diretoria. Assim, ela é composta em 1995 por dezessete membros consensualmente reunidos em torno da pessoa do presidente, cuja posição se torna implicitamente irremovível.

Em 1992, nascem os blocos Erê (termo iorubá que designa a criança) para as crianças e a Band'Erê, composta por cerca de quarenta meninos e meninas percussionistas. Em 1995, o bloco Erê registra a participação, pela primeira vez paga, de 133 crianças (com idade entre dois e doze anos). O Ilê Aiyê reorganiza seu conjunto de percussão (a Band'Aiyê, uma bateria de 140 membros) com a chegada de um novo mestre de bateria em 1990, e, novamente, em 1995. Ele elabora e vende espetáculos completos, que custam entre 500 e 1.000 dólares, da Band'Aiyê, representada por um pequeno grupo de cerca de dez percussionistas e dois ou três cantores. A empresa Ilê Aiyê conhece um início de sucesso nacional e internacional. Com a proximidade do carnaval ou por ocasião de congressos e festas regionais, a Band'Aiyê precisa se dividir em vários subgrupos para responder a todos os convites em São Paulo, Rio de Janeiro, Recife etc. O bloco se faz presente em encontros culturais e festivais folclóricos na Martinica (1991), nos Estados Unidos (1992) e na Alemanha (1994). De 1993 em diante, o Ilê Aiyê obtém regularmente o apoio financeiro de poderosos patrocinadores comerciais.

O Ilê Aiyê teve, portanto, um papel importante na formação da imagem do novo carnaval baiano, um carnaval de rua de caráter popular e de imaginação cultural afro-brasileira, que os promotores locais contrapõem ao carnaval do Rio de Janeiro, apresentado de maneira unívoca como um carnaval do espetáculo e da elite que teria perdido sua capacidade de criação. Em 1995, o presidente do Ilê Aiyê entra no comitê de coordenação do carnaval da Bahia, especialmente encarregado da promoção do conjunto dos blocos afro e dos afoxés (cerca de quarenta blocos se apresentaram no carnaval de 1996). Naquele mesmo ano, uma empresa de cunho comercial é criada, a Novembro Azeviche, para promover diferentes produtos, incluindo tecidos e roupas com o logotipo do bloco, discos, livros com letras de sambas etc.

Esses últimos acontecimentos, sejam eles de natureza empresarial, artística ou política, refletem uma estratégia de estabilização do grupo e uma vontade de inscrevê-lo no espaço local (na cidade e no bairro) a longo prazo. Embora ainda dependente de redes interindividuais que parecem muitas vezes mantê-lo a custo de muito esforço, o Ilê Aiyê saiu claramente de sua fase inicial, contestadora, para tentar uma integração mais durável. Integração ambígua, já que seus líderes precisam resistir ao risco de exploração local (econômica e política) do seu estilo, ao mesmo tempo que se beneficiam dos recursos, em boa parte externos e/ou políticos (subvenções, alianças, turismo) que o movimento do novo carnaval baiano gerou. A imagem que os líderes do bloco finalmente tentam transmitir é traduzida em 1995 pelo novo slogan do Ilê Aiyê: "Perfil Azeviche — A cara preta da Bahia". Mas, nesse mesmo contexto, ele cria pela primeira vez um bloco alternativo para permitir às pessoas brancas e morenas que não podem desfilar no Ilê terem acesso a um segundo bloco, o chamado "Eu também sou Ilê", no carnaval de 1996. A experiência será deixada de lado em 1997, mas a questão do exclusivismo racial será retomada nos anos seguintes.[33]

Quarto período: consolidação local, transmissão e globalização (2003-...)

Com um suporte financeiro do Estado da Bahia, a associação compra em 1993 um terreno de 1.800 m^2 no bairro da Liberdade, na rua Curuzu, para construir sua sede. O projeto será realizado pela Fundação Norberto Odebrecht, a grande empresa baiana do ramo da construção, patrocinadora do Ilê Aiyê em vários momentos e que vai também se encarregar da construção do prédio. A empresa demora para iniciar o projeto e apenas em 2003 o grupo poderá, enfim, ocupar a nova sede, a alguns metros do local de sua criação há quase trinta anos. De fato, trata-se de um retorno ao bairro após um longo período durante o qual os recrutamentos se ampliaram a ponto de, em 1992, o bairro já não representar nem um terço da residência dos associados, e as atividades públicas do bloco acontecerem em grande parte num lo-

[33] Remeto à seção "Política da raça e identidades de cor", no Capítulo 5, "Política: cultura e raça da 'elite negra'".

Antonio Carlos dos Santos, o Vovô, cofundador e presidente do Ilê Aiyê, fotografado em 1997 na casa de Mãe Hilda, que era então a sede do bloco.

Abaixo, Vovô com jovens do projeto comunitário Axé, que contou com apoio financeiro internacional.

cal situado num bairro diferente e relativamente adverso: o Forte de Santo Antônio, onde eram feitos os ensaios e as festas do Ilê Aiyê desde 1987, e que se situa muito próximo do centro histórico de Salvador, lugar de atuação de outros grupos carnavalescos, como o Olodum ou os Filhos de Gandhi.

A nova sede foi nomeada "Senzala do Barro Preto", retomando o nome do terreno abandonado onde eram realizados os ensaios do Ilê Aiyê de 1976 a 1987, na mesma rua do Curuzu. Conta-se que esse nome havia sido dado por um dos cantores do Ilê Aiyê, César Maravilha, porque as festas, animadas, sacudiam muito barro antes de as ruas serem asfaltadas. O termo permaneceu como um emblema do Ilê Aiyê para designar, de modo geral, o local dos ensaios e, em seguida, o prédio da nova sede onde eles, assim como outras atividades, seriam realizados de 2003 em diante. O prédio conta com quatro andares, sendo um dedicado a salas de aulas (onde tem lugar o projeto pedagógico Escola Mãe Hilda, que engloba os primeiros quatro anos do ensino fundamental I, e a escola profissionalizante), outro dispondo de um grande espaço para ensaios, um terceiro andar com salas de reuniões e exposições e, o último, com os escritórios da direção e da administração. Cerca de quinze pessoas são trabalhadoras contratadas pela organização que se define, desde as últimas décadas, como uma ONG (Organização Não Governamental), podendo assim receber todo tipo de financiamento público e privado, nacional e internacional, para a realização de seus projetos.

A ideia de um espaço comunitário pôde tomar forma com a nova sede, concretização da vontade manifesta de "ser Ilê Aiyê o ano inteiro", segundo um slogan lançado em 1994, projeto sustentado por um ambicioso programa social, educativo e cultural. Enquanto alguns falam então de um "clube" (termo moderno que se refere aos clubes de lazer fechados, geralmente reservados às classes média e superior), outros falam de confraria — há até quem fale em "maçonaria negra". Isso também significa que essa referência existe numa memória local que pode ser reanimada. Nesse sentido, o presidente fundador do Ilê Aiyê é membro de sociedades em que a presença de negros foi marcante nos séculos passados: a confraria de Nossa Senhora do Rosário dos Pretos e a Sociedade dos Desvalidos.

Com esse enraizamento reafirmado, o Ilê Aiyê se fez também presente numa escala global, com apresentações da Band'Aiyê em diversos

Alunos da Escola Primária Mãe Hilda, na rua do Curuzu, criada em 1987, e a distribuição de comida na escola.

eventos políticos e culturais no Brasil e nos Estados Unidos, na Europa e na África. Cerca de quinze membros da Band'Aiyê e da direção do bloco fazem uma longa viagem à França no ano 2000, a fim de participar de apresentações de música afro na prestigiosa Cité de la Musique de Paris, após ter formado 150 jovens de periferias populares em oficinas de batucadas que participaram igualmente dos espetáculos do Ilê. Entre 2000 e 2022, outras apresentações, com diferentes formações, aconteceram regularmente no exterior: na Europa (França, Alemanha, Espanha, Holanda, Inglaterra, Itália...), na América Latina e no Caribe (Trinidade e Tobago, Equador, Colômbia, Argentina), nos Estados Unidos (Nova Orleans, Nova York, Washington D.C., São Francisco, Filadélfia) e na África (Senegal e Costa do Marfim).

Cronologia dos temas do carnaval (e outras informações) por ano

1975: "*Ilê Aiyê*" ("São os africanos na Bahia" é o primeiro folheto do bloco; primeira saída no carnaval 8/2/1975, 150 participantes; Apolônio presidente)
1976: "*Watutsi*"
1977: "*Alto-Volta*" (Burkina Fasso desde 1984)
1978: "*Congo-Zaire*" (mil participantes; Vovô presidente)
1979: "*Ruanda*" (comemoração dos cinco anos; primeira missa comemorativa anual, 1/11/1978; "Noite da Mais Bela Crioula", 19/2/1979)
1980: "*Camarões*" (primeira "Noite da Beleza Negra"; primeira roupa estampada para o Ilê Aiyê pelo artista visual J. Cunha)
1981: "*Zimbábue*" (demissão de Apolônio)
1982: "*Mali-Dogons*" (criação do mês "Novembro Azeviche")
1983: "*Gana-Ashanti*" (2.500 participantes)
1984: "*Angola*" ("Dia da Mãe Preta", 23/9/1983)
1985: "*Daomé*" (antigo reino e primeiro nome da República do Benin)
1986: "*Congo-Brazzaville*" (criação da "Associação Cultural Bloco Carnavalesco Ilê Aiyê", abril de 1986)
1987: "*Nigéria*" (criação da Escola Mãe Hilda)

1988: *"Senegal"*
1989: *"República de Palmares (Quilombo)"* (primeira candidatura de Vovô a vereador, novembro de 1988)
1990: *"Costa do Marfim"* (Ilê Aiyê recebe o título de Utilidade Pública da Prefeitura de Salvador)
1991: *"Revolta dos Búzios"*
1992: *"Azânia, a verdadeira África do Sul"* (criação da Band'Erê e primeira saída do Bloco Erê; o valor do carnê de sócio Ilê Aiyê é de 100 dólares)
1993: *"América negra, o sonho africano"* (compra de um terreno de 1.800 m² para a sede, rua do Curuzu)
1994: *"Uma nação africana chamada Bahia"* (comemoração dos vinte anos)
1995: *"Organizações da Resistência Negra"* (criação do projeto de extensão pedagógica *Cadernos de Educação*)
1996: *"Civilizações Bantu"* (sai o bloco alternativo "Eu também sou Ilê"; criação da empresa privada "Novembro Azeviche")
1997: *"Pérolas Negras do Saber"*
1998: *"Guiné Conacri"*
1999: *"A Força das Raízes Africanas"*
2000: *"Terra de Quilombo"* (2.500 a 3 mil participantes)
2001: *"África Ventre Fértil do Mundo"*
2002: *"Malês — A Revolução"*
2003: *"A Rota dos Tambores do Maranhão"*
2004: *"Mãe Hilda Jitolu — Guardiã da Fé e da Tradição Africana"* (comemoração dos trinta anos; inauguração da nova sede "Senzala do Barro Preto", na rua do Curuzu, novembro de 2003)
2005: *"Moçambique Vutlari (o saber)"* (desde esse ano, desenho da roupa estampada para o Ilê Aiyê por Mundão)
2006: *"O Negro e o Poder — 'Se o poder é bom, eu também quero o poder'"*
2007: *"Abidjan, Abuja, Harare e Dakar. Ah! Salvador, se você fosse assim"*
2008: *"Candaces — Rainhas do Império Méroe"*
2009: *"Esmeraldas — Pérola Negra do Equador"* (falecimento de Mãe Hilda, 19/9/2009)

2010: "*Pernambuco — Uma nação africana*" (cerca de 4 mil participantes)[34]

2011: "*Minas Gerais — Símbolo de Resistência Negra*" (criação do Festival Erê da Criança e do Adolescente em outubro de 2010)

2012: "*Negros do Sul — Lá também tem*"

2013: "*Guiné Equatorial — Da Herança Pré-Colonial à Geração Atual*"

2014: "*Do Ilê Axé Jitolu para o Mundo — Ah, se não fosse o Ilê Aiyê*" (comemoração dos quarenta anos)

2015: "*Diáspora Africana — Jamaica — Os afrodescendentes*"

2016: "*O Recôncavo Baiano é Afro-Brasileiro — Cara Preta*"

2017: "*Os Povos Ewé/Fon. A Influência do Jeje para os Afrodescendentes*"

2018: "*Mandela. A Azânia Celebra o Centenário do Seu Madiba*"

2019: "*Que Bloco é Esse? Eu Quero Saber*" (comemoração dos 45 anos; Ilê Aiyê é tema da exposição *Ocupação Itaú Cultural*, São Paulo)

2020: "*Botsuana: Uma História de Êxito no Mundo*" (Feiraiyê — Feira de Empreendedoras Criativas, 12-15/12/2019, na sede do Ilê Aiyê)

2021: "*Meu coração é a Linha 8 — Liberdade*" (edição virtual — Covid-19)

2022: (cancelado — Covid-19)

2023: "*Agostinho Neto — Kilamba, Manguxi, Cem Anos do Herói Nacional de Angola*" ("com seus 3 mil associados, o Ilê hoje é patrimônio da cultura baiana")[35]

2024: "*Vovô e Popó, com o Axé de Mãe Hilda Jitolu, a Invenção do Bloco Afro — Ah, se não fosse o Ilê Aiyê*" (comemoração dos cinquenta anos; valor do carnê: R$ 900, aproximadamente 180 dólares)

---

[34] Segundo Niyi Afolabi, *Carnaval e política*, *op. cit.*, p. 88.

[35] Associação Cultural Bloco Carnavalesco Ilê Aiyê, *Ilê Aiyê — Casa de negros/ Mundo negro*, Salvador, 2023, p. 1.

3.

COMUNIDADE: A FAMÍLIA ILÊ AIYÊ

A formação de um sentimento perene de comunidade não é tão frequente entre os membros de associações carnavalescas. E isso é, de maneira geral, a chave do sucesso dos grupos rituais. Sejam eles lúdicos, religiosos ou políticos, sua eficiência se mede em função de sua capacidade suplementar de criar uma identidade coletiva e relações sociais profundas e duráveis. A esse respeito, os termos "casa", "comunidade" ou "família", utilizados para designar o Ilê Aiyê, são muito significativos. A que trajetórias sociais e urbanas corresponde essa identificação coletiva? A que relações sociais observáveis corresponde sua "família" simbólica? As hierarquias sociais profanas (segundo a idade, o sexo ou a profissão) se somam às categorias definidas pelas funções carnavalescas: sua mistura define todo um "mundo" de relações — uma ideia muito presente, desde o início, na autodesignação "Mundo Negro". Longe de ser realmente fechado ou sempre harmonioso, esse mundo produz seus próprios códigos, seu estilo e, de certa maneira, sua distinção simbólica e social.

Classes e trajetórias sociais

No momento em que fundaram o bloco carnavalesco, os jovens negros da Liberdade iniciavam suas experiências profissionais em diferentes empresas, então em plena expansão, do polo petroquímico da Bahia, que por sua vez produziria uma série de mudanças sociais na cidade de Salvador. Com idade entre 20 e 25 anos, todos estavam numa situação inicial ou de transição: um esperava a resposta de um estágio na Copene (uma usina petroquímica), outro acabava de concluir um estágio numa importante usina petroquímica pública (a Nitrofertil), outro, ainda, trabalhava numa usina de alumínio (a Alcan) há um ano, outro trabalhava, sem posição definida, no escritório de uma empresa metalúrgica no distrito industrial de Aratu (região metropolitana de Salvador), e um quinto trabalhava há um ano como eletricista na Ceman (a grande central de manutenção do polo petroquímico).

Após a fundação do bloco Ilê Aiyê e antes de assumir a direção sozinho, e de forma profissional, em 1981, um de seus fundadores, Vovô, trabalhou de maneira mais ou menos regular durante seis anos no polo petroquímico: primeiramente, como estagiário na Ceman, depois, como empregado terceirizado de uma usina petroquímica (Politeno) e, enfim, depois de mais de um ano desempregado (e exercendo atividades na direção do Ilê Aiyê), trabalhou durante dois anos como operador de processos I (primeiro grau na carreira) numa empresa química (Cobafi), antes de deixá-la em 1981. O outro cofundador, Apolônio, foi o presidente do bloco de 1974 a 1977 e trabalhou numa usina petroquímica (também a Politeno) de 1976 a 1983 como assistente técnico de planificação.

Para compreender essa participação nas formas modernas do trabalho, é preciso remontar a uma época anterior aos anos 1970. A história é mais antiga: comum a muitas famílias negras e mestiças da Liberdade, sua evocação nos leva ao porto da cidade.

De fato, é raro encontrar uma família negra na Liberdade que não tenha nenhum parente — pai, avô ou tio — que trabalhou no porto de Salvador. Os trabalhadores portuários (estivadores e doqueiros) foram a principal categoria "operária" da cidade durante a primeira metade do século XX. Eles formaram as famílias mais favorecidas da população pobre da Bahia na época, negra em sua grande maioria. Mais precisamente, no período de 1930 a 1950, Amélia Tereza Maraux mostrou que 77% dos trabalhadores eram negros, 15% mestiços e 8% brancos.[36] Segundo a autora, a formação de um sistema de contratação controlado pelo sindicato em 1912 culminou numa especialização de caráter étnico herdado do regime escravista. Naquela época, o trabalho era organizado pelos próprios negros, fossem eles escravos de ganho ou libertos: eles ofereciam, então, seus serviços em "cantos"[37] ou recor-

---

[36] Amélia Tereza Maraux, "Sindicato dos Estivadores: um espaço negro?", *Bahia Análise & Dados*, Salvador, SEI, vol. 3, nº 4, 1994, p. 25.

[37] Assim eram chamadas as reuniões de negros libertos que ocorriam nas esqui-

riam a um intermediário de mão de obra. O controle de contratação pelo sindicato e a atribuição preferencial de vagas aos parentes de trabalhadores em serviço (ou que iriam se aposentar) darão a esse grupo de doqueiros uma certa estabilidade de status. Enquanto o sindicado controlava a contratação, ele se interessava também pela moralidade e estabilidade das famílias, de modo que as más reputações domésticas eram passíveis de sanções sindicais. Alguns puderam escolarizar seus filhos, outros, garantir-lhes um emprego no que foi chamado de "estiva vermelha". O porto foi, também, um lugar de sociabilidade estável, onde nasceram, além de um movimento sindical forte, inúmeras associações de carnaval de fundo religioso ou corporativo aqui já citadas.

É essa história que contam as genealogias das famílias do primeiro grupo dos fundadores do Ilê Aiyê. Como muitos outros membros do grupo, Apolônio era filho de um doqueiro. O avô paterno de Vovô morava numa rua próxima da Liberdade (Estrada da Rainha) e trabalhava no porto. Seu filho mais velho (o pai de Vovô) poderia ter sido doqueiro, mas ele conseguiu cursar o ensino fundamental I e assumiu a contabilidade de um armazém, não fazendo uso, portanto, dessa possibilidade de sucessão. Foi seu irmão caçula que seguiu os passos do pai no porto. Além do seu tio paterno, Vovô teve seu avô e seu bisavô maternos na linhagem dos doqueiros. Em 1938, seu avô veio morar na Liberdade, na rua do Curuzu, e construiu a casa onde, mais tarde, seria implantado o terreiro de Mãe Hilda (em 1952) e o Ilê Aiyê (em 1974). Como dito acima, seu bisavô materno foi estivador e fundou, nos anos 1930, o bloco Africano Ideal.

Preservados da grande pobreza e às vezes dotados de um status respeitável no bairro, as famílias de origem dos jovens da Liberdade que fundaram o Ilê Aiyê lhes permitiram aproveitar certas oportunidades da época. Eles concluíram o ensino fundamental I e II, realizando também cursos profissionalizantes. Os dois principais fundadores e líderes do grupo, os amigos de infância Apolônio e Vovô, viveram nesse período o destino bastante comum aos operários e técnicos, entrando nesse meio com dificuldade e tendo, em seguida, suas carreiras inter-

---

nas de certas ruas de Salvador no período da escravidão no Brasil, conforme relata Pierre Verger em seu livro *Fluxo e refluxo: do tráfico de escravos entre o golfo do Benin e a Bahia de Todos os Santos, do século XVII ao XIX*, Salvador, Corrupio, 1987. (N. das T.)

rompidas devido a uma formação escolar ou profissional insuficiente para ascender naturalmente, ou em razão de tensões relacionais no lugar de trabalho, com colegas ou superiores hierárquicos. Ambos tiveram que enfrentar atitudes depreciativas dos brancos ou a concorrência com eles. No início dos anos 1980, eles desistiram de trabalhar na indústria.

Para resumir, as relações sociais iniciais que se encontram na origem da fundação do grupo carnavalesco foram, num primeiro momento, urbanas, escolares e familiares. Espalhados em diferentes e novas grandes empresas num mesmo momento, todos esses jovens citadinos compartilhavam uma mesma esperança, um mesmo sonho de sucesso social que lhes pareceu de repente acessível a todos, sem distinção de cor, ainda que não totalmente sem distinção de origem social. Eles se alimentavam, assim, de uma cultura urbana impregnada da ideologia da modernidade social da época e do orgulho de pertencimento. Suas origens familiares, modestas, mas não miseráveis (como é o caso no bairro da Liberdade de modo geral) certamente contribuíram para a formação de uma imagem respeitável de si mesmos. Para muitos, ela foi marcada pelos efeitos da organização social, moral e cultural dos trabalhadores negros do porto da geração de seus pais. Esse orgulho vai gerar também um certo sentimento de incompletude ou de opressão que se traduzirá numa sensibilidade especial às subclassificações, às afrontas, aos desafios e derrotas, sobretudo em competições socioprofissionais.

Considerada do ponto de vista de suas trajetórias sociais e profissionais, a especialização dos dois primeiros líderes do grupo (Vovô e Apolônio) dentro do movimento cultural negro baiano pode ser compreendida como um efeito direto (não ideológico, mas sim biográfico) da impossibilidade, comum à grande maioria dos negros na indústria, de sair de uma posição subalterna de "peão" — tanto no plano das relações como da categoria profissional — e seguir carreiras verdadeiramente ascendentes. Vovô se tornou "produtor cultural" em 1981 e Apolônio, por sua vez, abandonou toda e qualquer atividade profissional no polo petroquímico em 1983, para se dedicar unicamente às atividades culturais e carnavalescas. *A posteriori*, eles puderem se colocar como sujeitos de sua própria existência, mestres de destinos bem-sucedidos, e declarar com um tom de revolta que "eu não tinha nascido para bater ponto" nem para "ficar preso no polo".

Muitos dos colegas e amigos da primeira geração não tiveram a mesma oportunidade profissional e continuaram suas trajetórias numa direção mais próxima das que predominavam naquele meio social entre o fim dos anos 1970 e o fim dos 1990: paralização da carreira e permanência da condição operária, passagem de uma empresa a outra, ativismo sindical, transição voluntária ou obrigatória (após serem despedidos) para o trabalho informal ou autônomo (taxistas, empregados em oficina mecânica etc.). Eu encontrei algum deles entre os membros atuais do Ilê Aiyê.

Se, por um lado, o Ilê Aiyê foi fundado por jovens de um nível social e escolar um pouco superior à média das pessoas de cor da Bahia, a distribuição dos membros do bloco no mercado de trabalho é, por outro lado, bastante diversa e, em seu conjunto, sua posição social corresponde globalmente aos meios sociais subalternos, como muitos negros baianos, que não chegam a ser miseráveis. Isso pode ser observado com base em dados de uma pesquisa quantitativa realizada na associação em 1992, com a ajuda inestimável de Paulo Kambuí Lima, então administrador do bloco (que dirige atualmente o "Blocão da Liberdade", que ele próprio criou, bem como o Instituto Sociocultural e Carnavalesco Ibasoré Iyá), e com a participação preciosa de muitos outros membros da associação (Dete, Conceição, Guiguio), junto a 1.465 membros inscritos naquele ano. Todas essas pessoas foram vistas pessoalmente e preencheram um questionário sobre suas posições e trajetórias socioprofissionais, residenciais e rituais, que foi completado por longas entrevistas diretas que realizei com cerca de quarenta membros,[38] além de inúmeras conversas com os diretores e principais animadores do bloco. Com base nos dados que foram assim produzidos, pude distinguir sete grandes grupos de emprego entre os membros do Ilê Aiyê na época. Eu os apresento sumariamente abaixo, antes de fazer um comentário geral sobre a formação da imagem social da "família Ilê Aiyê". Tenho consciência de que eles têm um valor histórico e merecem atualização, mas o que dizem do retrato sociológico do Ilê Aiyê me parece ainda bastante atual.

1) *Categorias operárias tradicionais da Bahia.* Trabalhadores manuais qualificados, semiqualificados, subalternos e aprendizes, empre-

---

[38] Em parte com a ajuda valiosa de Janja, Angela e Genice, então estudantes e jovens pesquisadoras da UFBA.

gados em fábricas tradicionais (fiação, alimentação, mecânica), em oficinas mecânicas, no ramo da construção ou autônomos configuram cerca de 20% do conjunto dos membros do Ilê Aiyê. Eles representam as categorias operárias tradicionais da Bahia, aquelas das pequenas empresas da Cidade Baixa de Salvador da primeira metade do século XX e, de maneira geral, aquelas que conhecem as relações de trabalho paternalistas de empresas de dimensão familiar. As profissões mais comuns neste grupo são as de mecânico de oficina de automóveis (5% do total dos empregos), pintor e pedreiro.

2) *Empregos de serviços públicos de setores médio e inferior*. Esse segundo grupo, tão importante numericamente como o precedente, é, de certa forma, sua réplica feminina. Trata-se do conjunto formado por funcionárias dos serviços de saúde, de educação e da administração (22,3% do conjunto dos empregos). Na verdade, essas funcionárias são geralmente as esposas, irmãs ou as filhas dos homens mencionados no primeiro grupo, e os acompanham no contexto dos núcleos e redes familiares. Além de algumas raras mulheres com emprego qualificado (secretárias, enfermeiras e professoras de colégio), encontramos nesse grupo sobretudo empregos femininos de auxiliar — a profissão de auxiliar de enfermagem reúne a maior quantidade de empregos (5,5% do total). Alguns homens se encontram nesse grupo de empregados dos serviços públicos (4,3%, policiais e carteiros).

3) *Trabalho no comércio e serviços*. Um terceiro conjunto, de peso numérico mais ou menos equivalente ao dos dois precedentes (20,3%), compreende homens e mulheres que trabalham no comércio e na prestação de serviços, dividindo igualmente o salário pouco remunerado e as relações de trabalho informal. Trata-se, dentre os homens, de zeladores e porteiros de imóveis, motoristas de ônibus e taxistas, entregadores e trabalhadores de rua autônomos. Nesse grupo, os feirantes e comerciantes de rua são os mais numerosos (cerca de 5% do grupo). Dentre as mulheres, encontramos principalmente vendedoras e caixas de supermercados e de lojas que recebem menos de um salário-mínimo por mês.

4) *Trabalho do tipo doméstico*. Todo um conjunto à parte é formado por mulheres que oferecem serviços domésticos pouco ou não remunerados (21%). São mulheres que trabalham fora da economia assalariada: empregadas de casa, costureiras, trancistas, manicures e cabeleireiras a domicílio no caso das mais jovens; cozinheiras e vende-

doras de pratos tradicionais afro-brasileiros (baianas de acarajé) ou de doces no caso das mais velhas. Outras, enfim, são donas de casa e cuidam dos filhos e netos, ou estão desempregadas.

5) *Estudantes*. Com um pouco mais de 10% das atividades declaradas, encontramos um conjunto de alunos do fundamental II, do ensino médio e de cursos profissionais. São os membros mais jovens do bloco (com idade entre 15 e 25 anos). Muitas vezes, também, a declaração de uma atividade de "estudante" esconde uma situação menos confortável, e mais difícil de admitir, de completa inatividade. São jovens que se encontram sem formação e sem perspectiva de emprego, a espera de algum trabalho informal (bico).

6) *Empregos em indústrias novas*. Os assalariados das novas grandes empresas baianas (polo petroquímico, Petrobrás e complexo metalúrgico) representavam, em 1992, 4,9% dos membros do bloco, grupo dividido igualmente entre trabalhadores qualificados e não qualificados. A figura do operário da indústria de transformação, símbolo do sucesso social operário dos anos 1970 a 1990, está presente no bloco em proporção muito reduzida (2,7%).

7) *Profissões liberais, intelectuais e engenheiros*. Uma ínfima minoria de intelectuais (em geral, funcionários), engenheiros, médicos e advogados compõe o estrato superior do Ilê Aiyê. Seu peso numérico (1,4%) é muito fraco em comparação aos grupos já citados. Apesar disso, essas categorias são as mais comentadas, dentro e fora da associação. Ocupando as funções de representação, concepção e divulgação de ideias para os membros da associação, e também fora dela, esse grupo superior forma uma categoria supervalorizada na vida e na imagem social do Ilê Aiyê.

Num primeiro comentário geral, esses dados nos levam a nuançar bastante o relato divulgado localmente que afirma a relação estreita entre o Ilê Aiyê e os "trabalhadores do polo petroquímico", ou que designa o bloco como "lazer de classe média", "porta-voz dos assalariados equilibrados" etc. Na realidade, com exceção dos dois últimos grupos de profissões muito minoritárias apresentados acima (as categorias 6 e 7 compreendendo um pouco mais de 6% do total), e sugerindo a presença de uma (muito relativa) "elite" social no Ilê Aiyê, as cinco primeiras categorias que reúnem cerca de 94% dos membros do bloco são representativas das condições socioeconômicas e do estilo de vida real dos negros baianos, mais próximas, em seu conjunto, da pobreza corriqueira ou das classes subalternas. Além disso, a presença de um pequeno número de trabalhadores de indústrias novas no começo dos anos 1990 (2,7%) ilustra o que podemos observar na economia geral de Salvador naquele período. A recessão dos anos 1990 se traduziu numa forte queda dos empregos e de renda nos novos setores industriais. Antigos trabalhadores assalariados do setor químico se deslocaram rapidamente para outros empregos: comerciantes de rua e feirantes, taxistas ou artesãos autônomos, para citar apenas os casos que pude observar diretamente. De certo modo, a composição socioprofissional do Ilê Aiyê acompanhou os últimos desenvolvimentos da modernidade social baiana na passagem para empregos mais precários, mais tradicionais e menos prestigiosos no âmbito das classes populares.

Se fosse preciso caracterizar um tipo social do Ilê Aiyê, este seria não um trabalhador do polo petroquímico ou uma família da classe média com renda de oito a dez salários-mínimos por mês, como já se pôde ouvir na Bahia, mas um casal formado, por exemplo, por um mecânico de oficina de carros e uma auxiliar de enfermagem, moradores da Liberdade ou do bairro Cabula, com uma renda média situada entre dois e quatro salários-mínimos. A distribuição residencial dos membros do bloco confirma esse enraizamento popular do Ilê Aiyê: os bairros de classe média e superior situados na orla oceânica representam não mais do que 6% do total dos locais de residência. A maioria dos membros reside em bairros populares tradicionais (dentre os quais a Liberdade) que se estendem pela Baía de Todos os Santos (44%) e aqueles, mais recentes (Cabula etc.), da periferia norte (21,8%).

Funções, categorias e identidades carnavalescas

Outras categorizações emanam mais diretamente de identidades rituais. Eu as considero tão importantes quanto as identidades socioprofissionais, ainda que isso soe heterodoxo para uma análise sociológica. No entanto, tal viés se baseia no poder da estrutura ritual e imaginária para "produzir" realidade, e até mesmo para transformá-la, sobretudo no que diz respeito às categorias identitárias, internas e externas, como pretendo mostrar ao longo deste livro. Ainda que ambas as abordagens, uma "interna" e outra "externa", mantenham relações estreitas — independentemente do objeto de pesquisa, dos ritos ou das identidades em jogo — eu examinarei primeiramente, neste capítulo, as identificações internas.

Sabemos que, em geral, a linguagem e a organização carnavalescas produzem uma certa ordem de classificação. Inspirados nas escolas de samba que, na Bahia, eles substituíram progressivamente, os blocos de percussão compreendem sempre, a princípio, uma diretoria, uma "ala" de canto e outra de dança, assim como o conjunto de percussões (a bateria) e os compositores de samba. No caso do Ilê Aiyê, a ala de canto é composta por cerca de meia dúzia de cantores (pagos pontualmente por sua participação no bloco). A ala de dança é uma noção vaga, uma vez que, além das cinco dançarinas e de um dançarino "oficiais" — que se apresentam para o desfile numa plataforma montada em cima de um caminhão —, os demais participantes podem se apresentar no desfile como ala de dança improvisada. Os dançarinos mais prestigiados são o Rei e a Rainha do bloco. Se o primeiro papel é sempre atribuído a um mesmo dançarino — na realidade, três dançarinos se sucederam desde o início do bloco, Nem, Nilson e Rezedá —, o segundo é objeto de uma escolha importante para a vida do Ilê Aiyê: a seleção da Deusa do Ébano "Rainha do Ilê", que acontece todos os anos na Festa da Beleza Negra.

1) *A bateria.* Nos últimos cinquenta anos, cerca de 70 a 140 percussionistas compõem o conjunto da bateria do Ilê Aiyê. Os mais velhos, trabalhadores e pais de família pouco disponíveis ao longo do ano, são também os mais antigos. Conhecidos por serem bons sambistas e batuqueiros, eles são dispensados dos árduos ensaios. Outros, mais jovens (com idade entre 15 e 25 anos) e mais numerosos (uma centena), compõem o grosso da percussão e precisam participar de longos e rígidos treinamentos ao longo do ano para terem a honra de ser escolhidos para se apresentar na Band'Aiyê. Os membros do bloco os chamam de "meninos da bateria". Brigas são comuns entre eles, pois rivalidades técnicas individuais (girando em torno de uma posição na bateria no desfile do carnaval) se misturam com conflitos de bairro: por exemplo, os meninos da avenida San Martin, abaixo da Liberdade, se opõem aos do bairro mais distante do Cabula, que chegaram depois, acompanhando um mestre de bateria recentemente contratado. Ao mesmo tempo que aprendem percussão no Ilê Aiyê seguindo uma disciplina coletiva inteiramente inspirada nas fanfarras militares, eles dedicam muito tem-

po à organização de pequenos grupos de percussão que se apresentam nas ruas e praças no entorno de suas residências. Um membro da diretoria é encarregado de organizar essas atividades. Considerando a integração desses meninos como um ato de apoio social e moral diante dos perigos da marginalização que eles vivenciam em seus ambientes sociais e familiares modestos, esse diretor tem em relação a eles uma atitude paternal, às vezes autoritária, às vezes carinhosa, de um trabalhador social. Ele tenta interferir na maneira como eles gastam o pequeno salário, que não é fixo, recebido a cada saída. Ele os estimula a economizar o dinheiro em vez de gastá-lo de uma vez, lembrando que fazer economia lhes permitiria comprar um violão ou um tão sonhado instrumento de percussão. A Band'Erê (conjunto composto por quarenta crianças com cerca de oito a quinze anos), montada desde 1992, permite preparar a sucessão.

2) *A ala dos compositores*. Ela é formada por todos aqueles que, indistintamente, participam do concurso anual de sambas. Em meados dos anos 1990, estimei em trezentos o número de pessoas que compuseram sambas para o Ilê Aiyê desde sua fundação, hoje esse número terá certamente dobrado. São amadores que fazem poemas para serem cantados, com melodias aproximativas e passíveis de mudanças segundo a interpretação dos cantores. As composições selecionadas são cantadas durante os desfiles de carnaval. Se alguns especialistas em composição de samba ou cantores do bloco concorrem como favoritos, a grande maioria dos compositores são amadores com ortografia incerta e versos hesitantes. O concurso de sambas é a manifestação mais evidente da intensa vontade de criar, suscitada pela experiência Ilê Aiyê nos bairros e ambientes sociais populares de Salvador. Além do festival de samba ao longo do qual acontece o concurso (fim de dezembro), uma noite de homenagens aos compositores é prevista a cada ano nas programações do mês de Novembro Azeviche.

Quadro 1:
O sucesso de um cantor-compositor

Guiguio tinha dezoito anos quando saiu no carnaval com o bloco de índio Apaches pela primeira vez, em 1970. O mais velho de dez filhos de uma lavadeira, ele foi aos nove anos para um colégio militar, do qual saiu aos dezoito para continuar durante cinco

A bateria do Ilê Aiyê,
composta por 100 a 140
instrumentistas.

anos como soldado na base militar de Salvador. Aos 23 anos, concluiu o ensino médio e tinha uma boa experiência em música de fanfarra, sabendo tocar alguns instrumentos e já compondo canções para os grupos de carnaval: Apaches e, mais tarde, Ilê Aiyê e Olodum. Ele não foi admitido no concurso como músico permanente na fanfarra da base militar e, muito decepcionado, abandonou o exército em 1975.

Durante dez anos, trabalha primeiro como carteiro, de 1975 a 1978, depois em diversas empresas do centro industrial de Aratu e do polo petroquímico (White Martins, Metacril, Ceman etc.), em empregos menos qualificados e termina como zelador. Paralelamente, ele compunha cada vez com maior regularidade, e cantava para os blocos afro e de índios do carnaval. Foi no bloco dos Apaches que ele conheceu Apolônio, um dos fundadores do Ilê Aiyê. Através dele, começou a frequentar o Ilê em 1979 e, a partir de 1985, ele se tornou um dos cantores-compositores oficiais. A partir de então, ele não teve outra atividade regular além dessa, enfrentando por conta disso inúmeras dificuldades materiais. Sem emprego fixo, morou durante muitos anos com sua mãe, ainda que casado (em união estável) e pai de um filho. Ele teve de esperar anos para poder fundar sua própria família.

Suas condições de vida começaram a melhorar cerca de vinte anos depois de ele compor suas primeiras canções. Algumas delas foram interpretadas por estrelas locais e chegaram às estações de rádio nacionais, tornando o nome do Ilê Aiyê e do bairro da Liberdade conhecidos em toda parte: o refrão "O mais belo dos belos" é de sua autoria ("Charme da Liberdade" foi composta em 1987, mas só conheceu o sucesso cinco anos mais tarde) assim como "Sedução do Ilê Aiyê", entre outras. Guiguio não gosta muito de compor sambas-tema, ele prefere os sambas-poesia, pois é neles que seu lirismo se expressa em assuntos mais pessoais: o apego ao bloco, é claro, como todos os compositores, mas também sua admiração pelas mulheres, pelo amor, pelos amigos e pelas crianças (ele é o autor de "Encanterê", a canção em homenagem ao bloco de crianças do Ilê Aiyê). O dinheiro que ganha quase regularmente desde a divulgação de suas canções fora do bloco lhe permitiu se estabilizar, comprar uma pequena casa num bairro popular da cidade. Enfim, ele pôde formar sua família em 1992, reunindo sua mulher e os três filhos nascidos durante os anos difíceis, aos quais veio se juntar um último nascido em sua casa. Com cabelo rastafári, se dizendo "Negão", conhecido por todos os membros do bloco pelo seu jeito alegre e simpático, ele ajudou a fundar pequenos blocos afro de bairro, dando aos grupos mais jovens o benefício da presença de um dos cantores mais conhecidos do Ilê Aiyê. Em 2023, ele é o membro mais velho da ala de cantores do bloco.

3) *A diretoria*. Ela compreende cerca de quinze membros do bloco cooptados para esse fim e sua composição é objeto de negociações e ajustes frequentes, efetuados mediante a autoridade do presidente. Ao longo do carnaval, ser diretor dá direito a vestimentas diferentes, a ser ator do ritual religioso de abertura no sábado à noite e a andar na frente do desfile. No resto do tempo, ser diretor permite participar das discussões e tomadas de decisão (escolha do tema anual, organização das festividades, resposta às propostas de espetáculos ou animações, iniciativas sociais do bairro etc.). Em 1995, foi possível realizar uma lista de dezessete membros da diretoria do Ilê Aiyê (ao qual se acrescentava Mãe Hilda, a mãe do presidente do bloco, considerada "conselheira espiritual"). Nota-se, assim, a presença de quatro mulheres e treze homens — duas mulheres e um homem parentes do presidente (irmã, esposa e irmão). Entre os diretores, seis foram identificados como "fundadores" — grupo em que se encontra essencialmente o núcleo familiar: o presidente, sua irmã, seu irmão, sua esposa, bem como o atual vice-presidente — e três diretores foram considerados "antigos" (ou seja, foram cooptados na primeira mudança de direção em 1981-1982), os oito restantes sendo considerados "recentes" (cooptados entre 1985 e 1994). Dentre estes últimos, quatro estavam presentes nos primeiros anos como membros do Ilê Aiyê, sem, no entanto, desempenhar papéis principais, e dois eram dirigentes do grupo político Movimento Negro Unificado (MNU). Finalmente, a posição socioprofissional dos membros da diretoria é claramente superior à média dos associados. Onze dos dezessete membros da diretoria listados em dezembro de 1995 podem ser considerados parte das classes médias de Salvador. Como em outras hierarquias baianas, a posição social contribui para justificar o exercício do poder, ainda que, nesse caso, a cooptação dos dirigentes (e não sua eleição) se dê também em função do seu alinhamento ideológico com o projeto do grupo. Enfim, o sucesso social encarna-

do pelos diretores do bloco alimenta a imagem de uma distinção — a de uma "elite negra" — que se estende a todos os membros do Ilê Aiyê indistintamente.

4) *Os fundadores*. O status de fundador se aplica efetivamente a algumas das pessoas mais idosas do bloco. Símbolo de idade e também de antiguidade, o título de fundador dá direito a certo respeito. No universo relacional do Ilê Aiyê, ser fundador vale como símbolo de posição social: "Tanto que o pessoal que sai no bloco desde o primeiro ano, quando chega para falar com a gente [da diretoria], ele diz a gente o seguinte: 'Olhe, veja como fala comigo porque eu sou fundador'. Quando ele diz a qualquer pessoa 'Eu sou fundador do Ilê Aiyê', é como se ele estivesse exigindo o respeito" (Aliomar de Jesus Almeida, diretor e atual vice-presidente). Designando um grupo de status e uma categoria interna, o título de fundador reforça o espírito de família do Ilê Aiyê. No âmbito das relações, ele suscita mais atenção (marcar respeito, dispor de tempo para conversar, oferecer uma bebida gratuita em festas etc.) e, sobretudo, reflete de forma real e bem visível a fidelidade ao bloco. A força desse vínculo é um dos trunfos do grupo diante de seus concorrentes que lutam para existir de forma duradoura e estável. Em 1992, segundo a mesma pesquisa quantitativa realizada com 1.465 membros do bloco, um quarto deles tinha entre seis e dez anos de presença no bloco e, 14,5%, de onze a quinze anos. Enfim, cerca de cinquenta pessoas com mais de quinze anos de experiência na época (inscritos antes de 1977) poderiam, sem medo de exagerar, reivindicar seu lugar no grupo dos "heróis valorosos" dos primórdios! Eventualmente, as pessoas que participaram do primeiro carnaval sendo cada vez mais raras, pode-se pensar que essa categoria vá ser substituída por aquela dos antigos associados, como já era o caso nos anos 1990. É possível também que ela se reproduza nas figuras dos descendentes dos fundadores...

5) *As senhoras do Ilê*. Trata-se de um status que toma forma numa fronteira sociocultural e é particularmente valorizado. Com uma idade respeitável, elas são conhecidas pelo seu vínculo com as tradições afro-brasileiras: filhas de santo do candomblé, cozinheiras e baianas (vendedoras de rua de pratos tradicionais), parteiras etc. Esse status forma uma categoria que alguns dados quantitativos permitem identificar melhor. De fato, observa-se no conjunto dos associados a presença de cerca de cem mulheres de mais de quarenta anos, o que represen-

A diretoria do Ilê Aiyê na frente do desfile do bloco em dia de carnaval.

ta 14,3% do conjunto de mulheres do bloco, sendo que entre os homens a mesma faixa etária representa 11,8%. Somente entre pessoas com mais de cinquenta anos, conta-se ainda cerca de quarenta mulheres para cerca de quinze homens. São idades bastante elevadas se comparadas às dos foliões habituais que, em todos os blocos, têm majoritariamente entre vinte e trinta anos e correm nas ruas do carnaval durante cinco dias seguidos. O comportamento das senhoras do Ilê na rua do carnaval é, ao contrário, mais calmo e compenetrado. É interessante notar que essa presença feminina no bloco se constituiu progressivamente. Entre 1988 e 1989, a proporção entre os sexos dos membros do bloco, até então de forte predominância masculina, começa a se inverter. Em 1990, há mais mulheres do que homens. Conta-se naquele ano 108 mulheres para cada 100 homens, contra uma média de cerca de 63 mulheres para 100 homens no conjunto dos inscritos dos anos anteriores. Em 1992, ano da nossa pesquisa quantitativa com 1.465 membros do bloco, contava-se uma proporção de 116 mulheres para 100 homens de todas as idades. No grupo das pessoas com mais de quarenta anos, essa proporção passou a ser de 139 mulheres para 100 homens (mais de 130 mulheres para 100 homens de todas as idades a partir de 1993). Essa forte presença feminina dá duas características importantes ao grupo como um todo. Por um lado, as mulheres baianas têm uma competência reconhecida na transmissão da tradição afro-brasileira e na direção espiritual dos terreiros de candomblé. Algumas figuras femininas renomadas são assim associadas à memória dos grandes terreiros da Bahia. É interessante observar que é justamente no momento em que o Ilê Aiyê reforça sua imagem de grupo tradicional que o número de mulheres aumenta. O qualificativo de bloco "tradicional" aparece mais claramente no fim dos anos 1990 nas apresentações externas do Ilê Aiyê, sobretudo midiáticas. Essa nova imagem se refere, é claro, ao fato de o Ilê Aiyê ter sido o primeiro bloco carnavalesco afro, mas também ao estilo de suas apresentações. Desse ponto de vista, os espectadores do desfile nunca deixam de notar a presença das senhoras do Ilê reunidas com suas amigas ou acompanhadas de crianças. O modo como essas mulheres vivem a saída no carnaval é em si um ato carregado de significações religiosas. É um dos momentos em que se exprime, a título pessoal, o culto aos orixás: ritos pessoais de proteção antes da saída (lavagem de folhas), lavagem ritual e uso de colares (contas) representando seus orixás etc. Elas afirmam que cada uma delas cuida de

As senhoras do Ilê — desde os anos 1990, as mulheres são mais numerosas do que os homens no Ilê Aiyê.

"proteger", "cobrir" ou "fechar" seu corpo antes do carnaval, e cada uma "sente axé [força]" dentro do próprio desfile. Uma segunda característica ligada a essa alta proporção de mulheres vem do papel de liderança exercido pelas mulheres baianas das classes trabalhadoras na organização doméstica e na manutenção dos laços familiares. A "família" Ilê as atrai, portanto. E, reciprocamente, a presença delas tem como efeito a produção de um clima familiar no âmbito interno do bloco, mas também na imagem externa da associação. Isso, inclusive, incentiva os maridos e parentes de mulheres mais jovens (com idade entre vinte e trinta anos) a inscrever suas esposas, filhas e irmãs no Ilê, enquanto eles saem, às vezes, em outros blocos. Essa atitude se explica pela respeitabilidade moral e pelo ambiente familiar do bloco em comparação aos riscos elevados de liberdade sexual, e até mesmo violência, que prevalecem em geral durante o carnaval.

Quadro 2:
As senhoras do Ilê

Quando eu a encontrei, em 1992, Elizete tinha 53 anos e era integrante do Ilê Aiyê desde 1976. Costureira em casa, ela já havia trabalhado quase trinta anos como empregada doméstica e, depois, como cozinheira em cantinas de empresa, além de faxineira numa loja e num consultório médico. Ela costura sob medida para clientes da vizinhança, mas também confecciona roupas que vende, assim como revende, às vezes, perfumes, bijuterias etc. Ao total, ela atinge uma renda mensal de 120 dólares, à qual se acrescenta a pensão do seu marido, de 73 anos, antigo estivador, e o salário de um filho, igualmente estivador, ou seja, uma renda familiar equivalente a 320 dólares por mês. A família, que sempre viveu no mesmo bairro antigo de Engenho Velho de Brotas (bairro dito de classe média baixa), é proprietária de uma casa situada na praça principal. Casados há 38 anos, Elizete e seu marido têm, ao total, treze filhos. Três de seus filhos vivem com eles, bem como dois netos e uma bisneta.

Desde 1976, Elizete nunca faltou a um carnaval do seu bloco. Ela conhece as diferentes atividades do Ilê Aiyê, das quais participa às vezes, geralmente com uma amiga, a mesma desde o início, sendo que nenhum membro da sua família é membro do Ilê Aiyê (nem de nenhum outro bloco). Sua participação no bloco é, portanto, ligada a essa amizade.

Dentre as atividades marcantes do bloco, é o rito de saída que a toca mais: "Fico arrepiada", diz ela, "acho que é porque faço parte daquilo, então me toca". Ela considera o desfile do Ilê tranquilo: "a gente vai devagarinho", diz ela para tranquilizar seu marido que teme as possíveis brigas e confusões. Além disso, Elizete se cobre com todos os colares rituais e pulseiras que consegue para, segundo ela, sair "toda coberta". Para o desfile, ela se enfeita com colares rituais de seus quatro orixás pessoais — Iansã, Oxossi, Obaluaê e Oxum —, aos quais acrescenta três outras divindades — Ogun, Xangô e Oxalá. Sua relação com o candomblé é antiga: desde os seus sete anos, ela conta. Ela já foi muitas vezes "pega pelo santo", mas apenas recentemente pôde realizar sua iniciação no terreiro de candomblé de Ketu (iorubá). Apesar de sua idade (53 anos), ela é, portanto, uma jovem *iaô* (iniciada). Sua participação no Ilê Aiyê parece ter acelerado a solução da iniciação. De fato, ainda que sua relação com os orixás seja antiga, ela explica que "não gostava do candomblé" e foi "depois de ter saído no Ilê" que "comecei a me interessar mais". Se durante sua infância sua mãe mostrou muita desconfiança e reticência quanto à possessão e à iniciação, Elizete tem uma atitude bem diferente, já que, segundo ela, uma de suas filhas é hoje *abiã* (em fase de iniciação no candomblé). Compreende-se, portanto, por que a canção do Ilê Aiyê que mais a emociona é um samba parecido com um canto de candomblé, "Mãe Preta", que homenageia ao mesmo tempo a maternidade e a religião dos orixás.

Elizete se diz "pretinha" e tem muito orgulho de sua cor. O diminutivo designa aqui um atributo de beleza, e ela descreve todos os membros da sua família, do marido até a bisneta nascida por último, com o mesmo termo afetivo e dignificante.

6) *Identidades de gênero*. Uma divisão das identidades e das funções de gênero contribui para reforçar a imagem do Ilê Aiyê. Por um lado, graças à sua organização rigorosa e ao respeito que ele impõe à sua volta, o Ilê Aiyê adquiriu uma imagem associada a valores masculinos. Fala-se em "negão" para os homens que desfilam com o Ilê Aiyê. Fala-se também de "força negra" do carnaval, e as composições musicais do bloco elogiam tanto a virilidade dos homens negros ("Negro

bem-dotado", canta um samba) como a graça de suas mulheres. Por outro lado, ao buscar se estabilizar e mergulhar na história da África no Brasil, o bloco carnavalesco entrou na perspectiva da longa duração. Essa perspectiva se encarna tanto na tradição como na reprodução. São essas exatamente as duas competências incorporadas por uma presença feminina mais forte, acompanhadas pelas valorizações simbólicas como a Semana da Mãe Preta ou a Festa da Beleza Negra. A importância da marca feminina é ainda destacada pela figura ritual e social da mãe do presidente do Ilê Aiyê, Mãe Hilda. Nascida em 1923 e iniciada no candomblé aos dezenove anos, mãe de santo de seu terreiro Ilê Axé Jitolu desde 1952 (mesmo ano do nascimento do seu filho mais velho, futuro presidente do bloco), seu lugar simbólico foi, ao longo do tempo, cada vez mais visível e valorizado até o seu falecimento em 2009, a partir do qual toda a comunicação do bloco a elegeu como verdadeira ancestral do coletivo.

Relações familiares, redes e representações

Há para cada membro do Ilê Aiyê, homem ou mulher, jovem ou idoso, uma maneira pessoal, íntima até, de viver sua participação. O caráter familiar e a personalização das relações internas da associação são uma característica comum. A presença do referente familiar se percebe primeiramente no fato de que, para três quartos dos associados, a participação no bloco é familiar. Realmente, dos 555 membros que responderam à pergunta (de um total de 1.465 entrevistados), 72,8% (404) têm pelo menos um parente no bloco. Essa informação reflete antes de mais nada uma prática normativa do Ilê Aiyê, que consiste em cooptar os novos membros. Cada novo membro é, em princípio, apresentado por um antigo. Os dados quantitativos sugerem que, em quase três quartos dos casos, foi um parente que fez a mediação. Outras informações mais precisas foram recolhidas por ocasião das entrevistas aprofundadas, realizadas com quarenta membros da associação em suas casas, junto às suas famílias. Elas mostram que os homens são os principais "líderes" familiares, levando com eles mais pessoas do que as mulheres. Pôde-se estabelecer esse fato graças, primeiramente, a uma pergunta sobre a anterioridade do/da entrevistado/a no Ilê Aiyê em relação a seus parentes. Para os homens, a entrada de parentes no bloco é posterior ou simultânea à deles em mais de 56% dos casos. Para as mulheres, essa proporção é de 34%. Esses dados devem, em seguida, ser considerados junto àqueles de dois outros tipos. Por um lado, a pesquisa quantitativa mostra a existência de uma ordem de relações preferenciais no cruzamento das famílias sociais dos membros e da família simbólica do Ilê Aiyê. Das 404 pessoas que declararam ter parentes no bloco, um total de 427 vínculos familiares pôde ser identificado (muitos parentes podiam ser indicados): os cônjuges vêm em primeiro plano (quase 40%), depois irmãos e irmãs (um terço), enfim, de modo igualitário (15% cada um), os pais (mães e pais) e os filhos. Por outro lado, as entrevistas e as observações sobre a vida do bloco sugerem a existência de uma tendência, entre os homens, de levar principalmente suas esposas e/ou os membros de sua própria família nuclear (os irmãos mais novos, por exemplo), enquanto as mulheres levam sobretudo os membros de suas famílias de origem, principalmente mulheres (irmãs, primas e sobrinhas). As redes femininas são mais abertas ao parentesco de origem das mulheres e a solidariedades centrífugas (parentes, vizinhos etc.) do que as redes dos homens. Estes últimos se concentram mais em suas famílias nucleares, por um lado, e, por outro, em seus grupos de pares locais.

Quadro 3:
Em família I

Dina, de 37 anos, vende acarajés na rua. Seu marido, Dino, de 39 anos, é mecânico de solda numa fábrica do setor petroquímico. Juntos, eles possuem uma renda equivalente a cerca de 360 dólares mensais. Eles moram numa avenida de aspecto pobre no bairro popular de São Caetano, vizinho da Liberdade. O esgoto passa na frente da porta da casa deles. O banheiro de uso comum fica no fundo da avenida. A casa é pequena, com apenas um quarto e um cômodo comum. Dino e Dina moram lá com seus três filhos, os dois mais velhos (21 e 18 anos) não fazem nada de específico (empregos ocasionais, sem estudos), o mais novo tem dois anos. No cômodo principal, há uma geladeira, um fogão, um aparelho de rádio-cassete e uma televisão. Há também um sofá coberto por um tecido do Ilê Aiyê. Eles explicam que toda a avenida se divide entre os blocos Apache (bloco de índio) e Ilê Aiyê. Nos dias que precedem o carnaval, há festa na casa de Dino e Dina, toda a avenida desfila para ver suas fantasias, Dina faz os reparos necessários nas fantasias dos vizinhos (barras, cintos, bolsas de tecido).

Dina aderiu ao Ilê Aiyê depois do seu marido. Ele sai todos os anos com o bloco no carnaval desde 1978, e Dina desde 1987. A mãe de Dino também sai no Ilê Aiyê, bem como um de seus primos. Quando Dina vai às festas de carnaval do Ilê, ela vai com sua família e os amigos de seu marido. Dino fez um sólido grupo de amigos na empresa onde trabalha e um dos seus "compadres", um colega de trabalho, o apresentou, bem como os demais amigos, a Apolônio, na época um dos dois dirigentes do bloco. "Então eu gostei, e te garanto que eu vou sair com o Ilê Aiyê até o fim da minha vida", ele afirma. Antes do Ilê Aiyê, Dino era um fiel do bloco de índio Apaches. O que ele mais gosta no Ilê Aiyê é o reconhecimento que recebe: "Vovô [o presidente do bloco] e Paulo [administrador na época da entrevista], ave maria, esses caras são tudo para nós. A gente chega lá e eles colocam quase que um tapete para a gente passar. Quando a gente vai lá, a gente se sente importante, só pela maneira como eles nos tratam, eles todos".

Dina, por sua vez, é uma adepta do candomblé, religião à qual foi levada por seus pais. Seu pai, hoje falecido, era *ogã*, um tio paterno é pai de santo na pequena cidade de Nazaré (no Recôncavo), e a mãe e um primo de seu marido participam ativamente de outro terreiro. A relação de Dina com o candomblé começou muito cedo: aos sete anos, "O Oxossi me pegou e me jogou no chão". Ela foi iniciada e frequentou o mesmo terreiro (nagô de Ketu) até os 31 anos. Quando a mãe de santo do terreiro faleceu, ela parou de frequentá-lo assiduamente; ela ainda vai, "mas não todos os dias e não a qualquer hora", o que não a impede, tampouco, de "dizer um 'Pai-Nosso' todos os dias antes de dormir". Quando sai com o Ilê Aiyê no carnaval, ela se enfeita com as contas de Oxossi, seu orixá principal, e também de Oxum, deusa da beleza feminina e dividade mestre do terreiro que ela frequenta. Ela diz sentir muito *axé* quando sai no carnaval no Ilê Aiyê, acontece até de se sentir "fora de si".

Dina se considera, a depender do contexto, escura, pálida ou negra. Dino, que por sua vez se declara negro, diz que Dina é morena, e Dina diz que ele é escuro...

A integração no Ilê Aiyê se faz, majoritariamente, pela rede familiar, e a saída no bloco é feita, frequentemente, com cônjuges, irmãos e irmãs, pais e mães.

A participação dos membros do Ilê Aiyê na vida do bloco é feita, portanto, em grande parte, através de uma inserção de núcleos familiares. À maneira da sociografia das redes, pode-se desenhar a seguinte imagem: dezenas de grupos familiares de três a cinco pessoas atravessam o conjunto da associação, mais ou menos ligadas entre si e atraindo outras pessoas na sequência. O modelo da "rede das redes", utilizado em antropologia urbana para descrever as sociabilidades da cidade, corresponde bem à formação social do Ilê Aiyê. Aliás, a média sugere apenas uma sociabilidade às vezes mais estendida. De fato, algumas das redes familiares *stricto sensu* que pudemos reconstituir entre os membros do bloco têm dimensões que atingem nove, doze e até dezoito pessoas. Aos grupos familiares se acrescenta uma boa parte de participantes sem parentes no bloco (um quarto dos membros), geralmente ligados a esses núcleos por intermédio do mesmo tipo de grupo de pares que estava na origem do Ilê Aiyê. Para algumas pessoas, por fim, a ida é solitária — ou quase: "Eu vou sozinha com Deus", ouve-se às vezes. Isso diz respeito, sobretudo, às mulheres cujos maridos estimulam ou permitem que elas saiam no carnaval do Ilê Aiyê, enquanto eles frequentam outros grupos carnavalescos, como o Muzenza, menos comportado, ou o Filhos de Gandhi, afoxé reservado exclusivamente aos homens. Os encontros entre uns e outros se fazem em seguida no âmbito da sociabilidade interna do bloco, através das identificações e categorias já mencionadas: as senhoras do Ilê, os fundadores, os compositores, as moças que concorrem pelo título da Beleza Negra etc.

Esse universo relacional é imediatamente visível nas festas e saídas no carnaval. Em grupos de casais, cunhados e amigos, irmãos, irmãs e amigos, pais e filhos pequenos, primos e amigos, os membros do Ilê comparecem aos locais de festas e se divertem. Esse convívio é seguido de uma personalização das representações que cada um desenvolve sobre o "seu" bloco. Os diretores são citados pela maioria das pessoas como conhecidos pessoais. O presidente do bloco, em particular, é geralmente citado como uma pessoa próxima: alguém o viu recentemente na rua; outro o recebeu para almoçar em casa; um terceiro o encontrou com uma prima ou uma irmã; um outro o conhece há muito tempo porque "ele vinha sempre para uma festa de samba aqui na rua". Diz-se também que ele era não o amigo, mas o "primo" de Apolônio (o outro fundador do Ilê Aiyê), e que a partida deste último, em 1981, se deu por conta de "uma dessas brigas corriqueiras entre primos". A vida relacional dos principais dirigentes é intensa e sustenta vastas redes pessoais na associação. Frequentemente ativadas para organizar o trabalho no bloco e compor o que se chama de "equipes de apoio" (organização material do desfile no carnaval, controle de entradas e da ordem nas festas etc.), essas redes aproximam pessoalmente os membros do bloco dos seus líderes principais. Eles podem então formar grupos de pressão interna que apoiam um dirigente contra outro. Isso aconteceu na saída de um dos fundadores, em 1981. Ele foi acompanhado por seu grupo mais fiel e pelas relações de cada um dos membros desse grupo: um total de duzentas a trezentas pessoas deixou o Ilê Aiyê naquela ocasião. Isso também ocorreu em 1993, quando um dos dirigentes foi acusado por outros de querer, "ele e sua máfia", exercer um controle pessoal sobre o bloco, antes de ser finalmente afastado da diretoria.

Quadro 4:
Em família II

Quando em 1992 eu encontrei Raimundo, de 33 anos, e seu irmão Paulo, de 23 anos, eles não eram os únicos membros do Ilê Aiyê da família. Eles eram, no total, cinco irmãos e uma irmã no bloco, todos com idade entre 18 e 34 anos. A mãe deles, enfermeira, e um tio materno também frequentam o bloco, bem como uma tia e um primo paternos. Somente o pai, de 60 anos, aposentado da polícia, não é membro — o que não o impede de assistir a cada ano a saída ritual do bloco e, em seguida, segui-lo regularmente pela cidade, fora das cordas. Foi o irmão mais velho, Luiz, que trouxe toda a família consigo. Ele sai todos os anos no carnaval com o Ilê Aiyê desde 1976. Raimundo, o caçula, frequenta o bloco desde 1978 e levou consigo sua mulher e toda a família dela, ou seja, cinco irmãos e irmãs, a mãe e uma irmã da mãe. Um grupo de pelo menos dezoito parentes (incluindo membros da família do cônjuge) faz a cada ano o carnaval do Ilê Aiyê. Raimundo vai à festa com sua esposa e lá "eles encontram a família". Paulo, o mais jovem e solteiro, vai "em massa com os irmãos". Antes de se tornar um fiel incondicional do Ilê Aiyê (o que lhe "dá arrepios", em suas palavras), ele tentou um outro bloco de percussão afro (o Muzenza) e dois afoxés (Monte Negro e Filhos de Gandhi), mas não se apegou. Paulo começou a frequentar o carnaval com o Ilê Aiyê em 1988 e, desde então, não mudou mais: "Enquanto eu viver, só saio com o Ilê", ele diz. Amador de futebol de bairro, Raimundo é o "presidente" de um time que ele criou no ano passado com todos os seus irmãos, dois cunhados, um primo e amigos no bairro de Brotas, onde ele nasceu e onde mora sua família de origem (ele mora agora na Liberdade com sua mulher e um filho). O time se chama "Cão de Raça" (nome de um grupo de *reggae* conhecido em Salvador). Foi seu irmão Paulo quem deu esse nome ao time: cada vez que ele tocava na bola ou fazia um gol, os torcedores gritavam "cão de raça!". Todos os irmãos e irmãs têm ao menos o nível ginasial. Muitos possuem também uma formação profissional em administração ou contabilidade. Com exceção de um garoto que está concluindo o ensino médio, todos os irmãos trabalham em escritório, bem como uma irmã, enquanto as outras meninas trabalham como costureiras industriais. Nesse ambiente familiar e social relativamente confortável — é a típica família baiana de classe média baixa, assim como muitas famílias no bairro de Brotas, seu bairro de origem —, os compromissos no Ilê Aiyê possuem uma importante dimensão de status e moralidade. Raimundo conta que em 1978, quando se tornou membro do bloco, "exigia-se que a cor fosse realmente preta" para fazer a inscrição. "O Ilê Aiyê", ele afirma, "é algo que eu tenho em mim, nós procuramos um espaço na sociedade porque as pessoas discriminam." Aliás, acontece ainda hoje, durante os desfiles, de ele ajudar a diretoria do bloco a colocar as pessoas ("educadamente") para fora do bloco caso não sejam membros, embora estejam vestidas com fantasias emprestadas ou revendidas, a título lucrativo ou amigável, pelos membros do bloco. Há um apego ao Ilê Aiyê devido à sua boa moralidade: "Eu sou alguém que não usa drogas. Tinha um cara que cheirava, e um dos diretores deu um jeito de ele não receber mais a fantasia. Isso me fez me apegar mais ao bloco". Para seu irmão Paulo, "ser negro, é ser fiel a sua cor", é "lutar por sua cor, por seus direitos". Raimundo, mais velho, fala de discriminação e preconceito. "Todo mundo é feito de carne e osso", afirma. Segundo ele, o Ilê Aiyê abriu a mente das pessoas ao trazer conhecimentos "sobre a raça negra" e sobre a África. A pele deles, dizem ambos, é "cor de formiga".

O vínculo também pode ser visto em sua forma passional, ainda que, às vezes, seja crítico em alguns aspectos. As mensagens de amor pelo Ilê Aiyê são inúmeras nas autocelebrações e nas letras de samba, mas também nas declarações inflamadas dos membros do bloco ("Enquanto eu viver, eu só vou sair com o Ilê"). "Eu sou Ilê", dizem os membros do bloco e também os poemas que alguns poetas amadores propõem por ocasião do concurso anual de sambas. Às vezes, os interiores das casas estampam sem constrangimento essa adesão. Os tecidos do desfile do Ilê Aiyê servem ainda, depois do carnaval, para enfeitar quadros pendurados nas paredes e cobrir almofadas, sofás e camas. Algumas mulheres utilizam o turbante do Ilê Aiyê no dia a dia. Devolvendo ao termo "mortalha" seu sentido original, um grupo de amigos membros do bloco fez uma homenagem a quem os trouxe pela primeira vez ao Ilê Aiyê e que, alguns anos atrás, morreu acidentalmente. Ele foi enterrado recoberto com a mortalha do carnaval do Ilê, como se sua adesão lhe houvesse dado, para além do carnaval, a identidade social da qual ele mais gostava. Essas mesmas pessoas que manifestam tamanha identificação com o bloco podem também reclamar, num tom muito íntimo, de traição, de irritação provocada por alguns ou de abandono. Elas se referem aos "atrasos insuportáveis" na saída do bloco de carnaval, à "falta de democracia", à "falta de atenção para com os mais antigos" ou ao abandono do bairro da Liberdade por parte do bloco. O Ilê Aiyê, sua diretoria e seus outros membros são considerados e interpelados tanto na condição de bens próprios como em termos de relações pessoais.

A presença de estampas africanas no carnaval de Salvador.

4.
RITUAL: A ÁFRICA DA BAHIA

Ainda que todo o contexto sociológico e histórico, o das trajetórias sociais e das relações evocadas nos capítulos precedentes, defina as realidades referidas por toda a simbologia inventada, é o rito em si o lugar de fábrica do sentido. Não haveria Ilê Aiyê como grupo — seja na forma de "família", de movimento ou de empreitada —, e como referência cultural na vida social da Bahia, sem um vasto ritual autorizado pelo próprio carnaval. Minha pesquisa versou sobre o conjunto do dispositivo ritual, isto é, a totalidade das atividades carnavalescas da associação, as que se desenvolvem tanto no interior do espaço-tempo do carnaval como fora dele. Assim, a própria invenção do nome, Ilê Aiyê, representa, a meu ver, o primeiro ato identitário e cultural, e merece, por essa razão, uma investigação preliminar. O calendário ritual, por sua vez, compõe um conjunto unificado de festas e comemorações que, a cada ano, se repete, é esperado e ajuda na reprodução do coletivo. Os papéis rituais, em seguida, possuem toda uma história que me parece importante destacar, em particular as duas grandes figuras rituais da Deusa do Ébano e da Mãe Preta. Por fim, a saída do Ilê Aiyê nas ruas do carnaval, desde o momento da "abertura dos caminhos" até o desfile, é o acontecimento que faz existir publicamente o grupo e suas criações, sobretudo seu samba *ijexá*. É aí que tudo se realiza e é aí que, literalmente, se cria o espetáculo da África na Bahia, almejado pelos jovens inventores do bloco desde o seu nascimento.

A invenção do nome

Ilê Aiyê: assim como se dá com as pessoas, aqui também a identidade começa pelo nome. Sua invenção foi a primeira experiência do africanismo baiano do bloco. Duas pessoas acabaram desempenhando um papel fundamental na invenção do nome. Por um lado, a decisão de criar um bloco de carnaval "de estilo africano" levou os jovens a buscarem informações sobre as tradições africanas que existiam naquele momento na Bahia. Eles as encontraram no terreiro de candomblé mais próximo, o da ialorixá Mãe Hilda, mãe de um dos cofundadores do bloco, Vovô. Por outro lado, essa mesma busca levou o grupo de amigos a um europeu. Engenheiro e amigo de um dos primeiros participantes (Macalé, dançarino de profissão), seu papel foi essencial, me contou Apolônio, pois ele colocou à disposição do grupo um livro de cerca de cinquenta páginas sobre a língua iorubá (*O iorubá tal qual se fala*, escrito por Mestre Didi em 1950), que permitiu inventariar e traduzir alguns termos e, assim, imaginar alguns nomes possíveis para o bloco ainda em sua fase de montagem. É interessante sublinhar o contraste entre, de um lado, o destino da mãe de santo que se tornou madrinha e, depois, conselheira espiritual do bloco, símbolo vivo da Mãe Preta, celebridade local da cultura afro-brasileira cuja contribuição didática é sempre lembrada, e, de outro, o esquecimento em que caiu o amigo europeu: nos relatos, ele é mencionado como sendo belga, suíço ou, ainda, polonês, sem falar nas inúmeras versões do seu nome.

Cinco nomes foram inicialmente propostos para o bloco. Três deles eram formulações relacionadas ao termo iorubá *Dudú* (a cor negra): *Lokun Dú* (o Negro Forte), *Dara Dú* (o Belo Negro), *Obá Dudú* (o Rei Negro). Os dois outros nomes sugeridos remetiam à noção de casa: *Ilê Aiyê* (ilê = casa, aiyê = mundo material, associado a Orun, mundo imaterial, o dos espíritos) e *Naganzu na Bahia* (de Ganzuá = casa ritualística, lugar de culto, em quimbundo, área bantu, ou de Aganju, um dos nomes de Xangô no candomblé).

As ideias em torno de casa, identidade, poder ou potência são, portanto, importantes desde o início. Obá Dudú (Rei Negro) é geralmente traduzido por "o rei dos negros". Segundo Apolônio, um dos fundadores do bloco, o termo pretendia fazer alusão ao "poder dos negros" e ao movimento *Black Power*. O título Obá Dudú foi atribuído mais tarde, em 1988, ano da comemoração do centenário da abolição da escravidão, a um efêmero "Rei do Carnaval" do bairro da Liberdade. O mesmo nome (Obá Dudú) havia sido utilizado em 1981, e depois, novamente, no carnaval de 1989 por outro bloco carnavalesco que se autodenominava "Associação Cultural para a Emancipação dos Negros".

Nos anos 1970, alguns dos jovens fundadores do bloco quiseram batizá-lo de "Poder Negro". Há rumores de que eles teriam sido barrados pela polícia (o ano era 1974, plena ditadura militar). Essa versão sobre a origem, geralmente contada no entorno do grupo (jornais, espaços de carnaval, movimentos negros), é também compartilhada por alguns membros atuais do bloco, ainda que o episódio da repressão da polícia seja negado pelos primeiros fundadores ainda atuantes. Em todo caso, esses rumores sinalizam um desejo inicial de inscrever uma dimensão político-racial no projeto do bloco. Também sugerem o clima de medo que prevalecia naquele momento: as dificuldades iniciais do grupo para encontrar o caminho do sucesso carnavalesco se explicam pelo fato de esse caráter político ter sido consideravelmente amplificado e diabolizado pelos comentários de simpatizantes e adversários.

A força, o poder e, mais ainda, a beleza estão associados à cor de pele negra, que encontramos nos três empregos do sufixo *Dú*. Eles serão amplamente desdobrados na história do Ilê Aiyê. Dara Dú, a Beleza Negra, traduz o famoso *Black is Beautiful*; o termo é típico da afirmação estética racial inaugurada pelo Ilê Aiyê na Bahia, com seus desfiles, adornos e concursos de beleza negra.

No final, a noção de "casa" prevaleceu, como se resumisse a busca por um lugar, um espaço seguro, traço visível de uma ancoragem afirmada contra todas as depreciações sociais e culturais às quais os negros são habitualmente submetidos nos espaços cotidianos não segregados. Além disso, o termo Ilê é facilmente reconhecível, uma vez que diversos terreiros, inclusive os mais famosos da Bahia, possuem, em seu nome ritual composto, o elemento *Ilê*. É precisamente o caso do terreiro de Mãe Hilda, a madrinha do bloco: seu terreiro é o Ilê Axé Jitolu, dedicado a Omolu, divindade da varíola e de todas as doenças. Ilê Axé designa o espaço religioso (literalmente, em iorubá, "a casa sagrada"), e Jitolu é um outro nome para Omolu. O termo *Ilê* cria então uma associação ao mesmo tempo nítida e prestigiosa com a referência africana local. O termo *Aiyê*, por sua vez, apresenta a dupla vantagem de definir o grupo do ponto de vista do mundo do candomblé (pois o termo só tem sentido na cosmologia do candomblé, isto é, em sua relação com Orun, o universo imaterial do qual ele é o duplo material), mas sem estar no interior desse universo, uma vez que designa o mundo social, material. Isso é motivo de satisfação para os sacerdotes mais puristas do candomblé, que querem manter separados o carnaval e o sagrado. Os jovens reconhecem que o carnaval é parte do mundo material e secular (o Aiyê) ao mesmo tempo que mostram que são adeptos do candomblé.

Os cinco nomes foram discutidos por aproximadamente quinze pessoas do primeiro grupo. Em seguida, eles foram submetidos à opinião dos vizinhos e amigos da rua, conforme se conta. O nome Ilê Aiyê foi, enfim, escolhido. Em seguida, a tradução cedeu progressivamente espaço à metáfora, e até à poesia que seria mais tarde aquela dos sambas do bloco:

"A gente queria botar um nome africano que chamasse 'Poder negro', 'Poder negro'. Eu queria em iorubá", me explicou Vovô.

"Mas Ilê Aiyê não quer dizer 'Poder Negro'", eu disse.

"Não. Ilê Aiyê é 'Mundo Negro', e tem outros significados: 'Senzala', ou: tem uma região na África que Ilê Aiyê chama assim 'Terra prometida', é como 'Paraíso': sair dessa para ir para um lugar melhor... 'O melhor lugar do mundo'."

Uma vez escolhido o nome, muitas traduções do iorubá para o português modificaram sensivelmente o sentido original de *Ilê Aiyê*. Foi assim que pude identificar, ao longo do tempo, as seguintes versões entre as mais comumente mencionadas: "casa dos negros", "casa grande de negros", "casa dos senhores negros". Três outros termos se popularizaram, nem tanto por traduzir, mas mais por "definir" o que é o Ilê Aiyê: Senzala, Quilombo e, por fim, Mundo Negro. Essa última definição se impôs mais claramente como a tradução oficial do "Ilê Aiyê". Ela aparece sempre nas letras de samba, a começar pelo primeiríssimo deles, cantado no carnaval de rua no dia 8 de fevereiro de 1975, até os mais recentes.

O calendário

"Respeitamos a tradição", diz um dos diretores do bloco para justificar a pausa de quarenta dias entre o carnaval e a Páscoa (isto é, o período da Quaresma), antes de retomar as reuniões, eventuais espetáculos etc. O anúncio do tema do carnaval do ano seguinte pode ser feito, a depender do caso, por volta do mês de abril ou maio, mas as atividades coletivas são retomadas somente em setembro. O ritmo é dado por ensaios semanais, ininterruptos de setembro até o carnaval. São festas conviviais para os membros do Ilê Aiyê, que se reúnem entre amigos e familiares.

O calendário vai da festa da Mãe Preta (28 de setembro) até a manhã da Quarta-Feira de Cinzas, e sua unidade se deve ao fato de que todos os seus elementos fazem sentido em referência à própria festa carnavalesca. Celebrações, comemorações, homenagens e oferendas rituais pontuam esse ciclo de festivais. Apresento-os aqui em ordem cronológica.

1) *Dia da Mãe Preta*. A festa acontece no dia 28 de setembro, data comemorativa da Lei do Ventre Livre, de 1871 — a partir dessa lei, os filhos de escravizados já não seriam escravos. "Os meninos estudaram para escolher a data", ressalta Mãe Hilda, e seu filho explica: "a data, nós encontramos num calendário da igreja". Inaugurada em 1983, a festa da Mãe Preta dura vários dias, até uma semana, mais tarde ela será chamada de Semana da Mãe Preta.

2) *Missa do 1º de novembro*. Comemoração da criação do Ilê Aiyê, o dia 1º de novembro de 1974 é uma autocelebração (da associação, dos líderes e dos temas carnavalescos que se renovam a cada ano) e um rito propiciatório inspirado no catolicismo popular (o ofertório). As oferendas (flores, dinheiro etc.) devem atrair proteção divina para o grupo por ocasião do seu aniversário. A primeira missa celebrava o quinto ano do bloco no dia 1º de novembro de 1978, e ela perdurou nos anos seguintes. Durante a missa de comemoração, heróis nacionais e internacionais, históricos e contemporâneos são invocados na forma de litanias. Nessa ocasião, a igreja de Nossa Senhora do Rosário dos Pretos (local histórico da tradição cristã dos negros baianos e de sua organização em confrarias) se enche de amigos e membros do bloco.

3) *Novembro Azeviche*. Diferentes comemorações, a maior parte com uma dimensão política, acontecem ao longo desse mês que celebra, após a missa do primeiro dia do mês, a fundação do bloco. É o 11 de novembro, data que marca o aniversário da Independência de Angola (1975). Há também o aniversário da morte de Zumbi, o herói de Palmares morto ao resistir às tropas militares brasileiras em 20 de novembro (1695), e a Revolta da Chibata, movimento contra os maus-tratos dos marinheiros liderado por um marinheiro negro no Rio de Janeiro em 22 de novembro (1910). Na realidade, nem o aniversário da Independência de Angola, nem a Revolta da Chibata são ocasiões de verdadeiras comemorações. Tais eventos são simplesmente lembrados nos

documentos do Ilê Aiyê. Somente o dia 20 de novembro tornou-se uma data simbólica e relativamente mobilizadora para o movimento negro: esse dia, aniversário da morte de Zumbi, chefe do quilombo mais importante da história brasileira, é para o movimento negro, desde 1978, o Dia Nacional da Consciência Negra (instituído oficialmente pela Lei nº 12.519 de 10 de novembro de 2011). O personagem Zumbi é o principal herói do "panteão" do Ilê Aiyê. A programação do Novembro Azeviche existe desde 1982.

4) *Festival de Música Negra — Troféu Pássaro Preto o Cantador* (homenagem ao cantor César Maravilha). Chamado originariamente de Festival do Samba, ele acontece entre o fim de dezembro e o início de janeiro. Nesse momento, um júri de artistas e intelectuais seleciona as melhores canções do bloco para o próximo carnaval. A cada ano, aproximadamente quarenta canções são propostas ao longo dos ensaios. Depois, cerca de quinze são selecionadas para a final do festival e, finalmente, seis são classificadas, seja na categoria "Tema" (elas devem versar sobre o tema do carnaval seguinte do bloco), seja na categoria "Poesia" (exercício livre). Cada vencedor recebe um prêmio (entre 4 mil e 7 mil reais em 2023) e seus sambas são tocados nos ensaios seguintes e no carnaval. Alguns sambas levam anos para se tornar conhecidos com uma gravação no disco *Canto Negro* — registro dos melhores sambas do bloco, com cinco volumes lançados até hoje (1984, 1989, 1996, 1999 e 2015).

5) *Festa da Beleza Negra*. Segunda grande figura do bloco carnavalesco juntamente com a Mãe Preta, a Rainha da Beleza Negra, ou Deusa do Ébano, é eleita e festejada na segunda metade de janeiro, na mais popular de todas as festas pré-carnavalescas do Ilê Aiyê. Os membros da associação comparecem em peso para um momento de sociabilidade em família. Concebida em 1979 para eleger a Deusa do Ébano do carnaval de 1980, a Noite da Beleza Negra é a ocasião de diversas atividades. Além do concurso que promove uma competição entre cerca de dez a vinte jovens mulheres que disputam o título muito cobiçado de Deusa do Ébano, a festa é também uma oportunidade para apresentar os sambas do bloco selecionados para o carnaval que se aproxima, e homenagear mulheres, políticos ou artistas ligados ao movimento negro ou à cultura negra.

6) *Cortejos da Negritude*. São os desfiles da bateria do Ilê Aiyê (acompanhada dos diretores, de um grupo de dançarinos e cantores, e

seguida por uma multidão de amigos) por ocasião de importantes festas baianas do ciclo pré-carnavalesco, em homenagem ao Senhor do Bonfim e Oxalá (segunda semana de janeiro) e, mais raramente, a Iemanjá (2 de fevereiro).

7) *Carnaval*. Acontece entre fevereiro e março e encerra o conjunto das festas. O Ilê Aiyê faz sua primeira saída no carnaval de rua no sábado à noite, no bairro da Liberdade, depois continua pela antiga Cidade Alta ("circuito Osmar") madrugada adentro. Nesse dia, em frente à sede da associação, há um rito de abertura que se tornou pouco a pouco o mais emblemático do bloco. A segunda saída ocorre na segunda-feira, e a terceira na terça-feira, ambas ao longo da grande avenida 7 de Setembro e no largo do Campo Grande (circuito Osmar). Desde 1992, há uma saída do bloco de crianças (Erê) no domingo à tarde, apenas no bairro da Liberdade, entre a sede da associação e a praça principal do bairro, chamada Nelson Mandela.

Todos esses festivais previstos em calendário comprovam a existência duradoura do grupo enquanto coletivo capaz de se reproduzir, apesar dos entraves da vida cotidiana. O universo carnavalesco como um todo está acostumado à precariedade das experiências populares de criação de blocos ou afoxés que não conseguem se manter por mais de um ou dois anos. Compreende-se, portanto, a importância das autocelebrações, em particular da missa de aniversário que a cada ano celebra a fundação do bloco, ecoando as principais comemorações das décadas passadas (20, 30, 40 e 50 anos); a cada vez, o tema do carnaval explora a história do próprio bloco. São vitórias contra o tempo e contra as dificuldades da vida social e econômica que tornam as existências incertas, tanto coletivas como individuais.

Os heróis

Durante a festa de aniversário da fundação do Ilê Aiyê, que ocorre todo 1º de novembro, a missa e o ofertório são concebidos a partir da atualidade criada pelo grupo. O tema do carnaval seguinte é musicalizado, encenado e declamado em preces. Por exemplo, a missa do 1º de novembro de 1990 precedia o carnaval que comemorava, para o Ilê Aiyê, a Revolta dos Búzios (Conjuração Baiana), e foi ocasião de oferendas adaptadas: uma concha (lembrando a adivinhação por búzios que precedeu a revolta de 1798), uma máquina de costura (a dos homens que participaram da revolta, alfaiates de profissão), reproduções de trechos do manifesto "Ao povo baiano" redigido pelos insurgentes, e quatro placas gravadas com os nomes dos principais líderes negros da revolta. Em 1987, o coro da assembleia que precedia a cerimônia do ofertório consistia em uma série de slogans antirracistas e de apelos a favor do movimento negro e de seus candidatos nas eleições municipais do ano seguinte, enquanto, alternadamente, a oração era feita em uolofe e em português (isso foi na véspera do carnaval de 1988, quando o tema foi o Senegal, país cuja principal língua falada é o uolofe).

Para além da atualidade imediata, carnavalesca ou política, a missa do 1º de novembro é também o evento em que se presta homenagens aos líderes negros locais, nacionais ou mundiais, históricos ou contemporâneos. Um panteão marcado por uma grande diversidade de lugares e épocas, mas também de cultura, religião e ideologia política é descrito nos cantos e litanias da missa. O autorreferenciamento (por meio das citações de Vovô e Mãe Hilda) se expande com personagens políticos negros contemporâneos (por exemplo, Benedita da Silva, deputada negra do Partido dos Trabalhadores, depois ministra), com personagens históricos da resistência negra, Zumbi (1655-1695, herói do Quilombo dos Palmares), João de Deus (herói da Revolta dos Búzios de 1798), João Cândido (líder da Revolta da Chibata de 1910 no Rio de Janeiro). O universo de referência se expande ainda mais com a menção a heróis internacionais do movimento negro (Mandela, Steve Biko, Malcolm X, Martin Luther King etc.), acompanhados de figuras reais ou guerreiras incluídas nos enredos dos sambas de carnaval: o rei zulu Shaka, "uma espécie de Zumbi para os sul-africanos" (Ilê Aiyê, *Boletim Informativo*, fevereiro de 1992), o rei Osei Tutu, fundador do império Axante no século XVIII etc. Finalmente, os dois critérios de pertencimento a esse panteão de heróis, atuais ou ancestrais, próximos ou distantes, são a identidade africana/afrodescendente negra e o exercício de um poder político, guerreiro ou religioso. Em torno do lema "É nossa cor", as litanias invocam, por exemplo, "Samora Machel, Luther King, Josina Machel, Agostinho Neto e todos os chefes de Estado africanos que lutaram e lutam contra o racismo e todas as formas de dominação do homem pelo homem/ é nossa cor/ Zumbi dos Palmares, Dandara, Luíza Mahin e todos esses que lutaram e lutam no Brasil pela igualdade de direitos para todas as etnias e pelo respeito do homem negro/ é nossa cor/ Mãe Senhora, Mãe Menininha, Mãe Hilda e todas as *Ialorixás* que preservaram e preservam com dignidade nossa cultura e nossa religião/ é nossa cor/ Os *afoxés* e os blocos afro, as *congadas* e *maracatus*, as escolas de samba e o bloco Ilê Aiyê que nos transmitem cultura e nos dão força, *axé* e alegria para continuar a luta contra a discriminação racial/ é nossa cor".

Repetidas com algumas pequenas modificações a cada missa anual, essas litanias criam literalmente uma dimensão genealógica em um imaginário do "Mundo Negro" muito mais amplo (no plano histórico, geográfico e simbólico) do que o destino social e carnavalesco do bloco e da associação da Liberdade. Um panteão múltiplo emerge, feito de heróis tirados dos livros de história, dos filmes de cinema, da atualidade local artística, política ou religiosa, nacional e mundial. Ele resulta da vontade de fabricar uma história e um "mundo" específicos para que "os negros reescrevam sua história criando seus próprios heróis" (Associação Cultural Bloco Carnavalesco Ilê Aiyê, *Missa Comemorativa do 18º aniversário*, novembro de 1991). Foi essa vontade que levou a toda uma criação cultural e, literalmente, a um trabalho autoral cujos traços vemos com clareza na notável evolução da série *Cadernos de Educação* e no desenvolvimento de uma competência cultural e pedagógica desde a criação do Projeto de Extensão e Pedagogia há trinta anos e até a atualidade.

O personagem principal desse universo heroico é, sem dúvida, o herói do Quilombo dos Palmares, Zumbi. Para situar esse personagem simbólico, convém, antes, sublinhar que houve na história brasileira diferentes tipos de quilombos e que Zumbi não foi o único chefe em Palmares. Boa parte das comunidades quilombolas puderam se organizar, inclusive no plano econômico, negociando com as populações vizinhas, urbanas ou indígenas (esse foi o caso do importante quilombo Trombetas, no norte do Brasil) e com os representantes do Estado central — foi o caso do Quilombo dos Palmares em sua primeira fase, a mais longa, de 1597 a 1678, apesar das diversas expedições militares malsucedidas a partir de 1654. Outros grupos viviam de pilhagem. Outros, mais raros, seguiram o caminho do conflito e do enfrentamento. Foi o caso do Quilombo dos Palmares na segunda fase de sua história, a que viu Zumbi assumir o poder, em 1678, contra Ganga Zumba, o primeiro chefe que tinha uma estratégia de negociação e havia selado um acordo de paz com o governador do Estado onde se encontrava o quilombo, a capitania de Pernambuco.[39] O grupo de negros e o herói que o Ilê Aiyê rememora são, portanto, aqueles do último período de Palmares, de 1678 a 1695, quando o quilombo se tornou um "Estado" ou uma "República" armada, e quando o seu chefe foi transformado em "guerrilheiro". Verdadeiro "herói étnico",[40] ao morrer Zumbi terá a cabeça cortada e exposta na ponta de uma lança na praça do Recife.

Comemorações no local do antigo quilombo (Serra da Barriga, onde hoje é o Estado de Alagoas, vizinho à Bahia) foram realizadas em diversas ocasiões, com uma grande contribuição do Ilê Aiyê. O ano de 1982 viu a primeira iniciativa nacional do movimento negro em torno do quilombo. Na ocasião, doze ônibus chegaram de Salvador repletos de jovens reunidos pelos blocos afro e afoxé da cidade de Salvador, e o Ilê Aiyê desfilou no centro do município da União dos Palmares, principal povoado no território do antigo quilombo. Joel Rufino dos Santos, em seu livro, descreve com detalhes pitorescos as visitas a Palmares daqueles que se consideravam "herdeiros de Zumbi", e a surpresa dos habitantes locais, assustados com uma tal invasão de pessoas da cidade com seus turbantes de estilo africano, seus cabelos trançados e incansáveis atabaques.[41] Em 20 de novembro de 1988, foram realizadas passeatas no mesmo local, bem como em Salvador, visando contestar a comemoração oficial da abolição da escravatura (no dia 13 de maio de 1888) e a ela contrapor a do quilombo e a da morte do seu herói. Naquele mesmo ano, o Ilê Aiyê preparava seu carnaval de 1989 em torno do tema "República de Palmares". A letra do enredo apresentava o Ilê Aiyê como um "novo quilombo" nascido no bairro Curuzu e "inspirado na chama de liberdade deixada por Zumbi".[42] Finalmente, em 1995, o Ilê Aiyê participa das cerimônias, dessa vez muito oficiais, do tricentenário de morte de Zumbi. Na ocasião, e em presença do Presidente da República do Brasil em pessoa, os títulos de propriedade coletiva

[39] João José Reis e Eduardo Silva, *Negociação e conflito: a resistência negra no Brasil escravista*, São Paulo, Companhia das Letras, 1989, pp. 68-9.

[40] Joel Rufino dos Santos, *Zumbi*, São Paulo, Moderna, 1985, p. 46.

[41] *Idem*, pp. 49-59.

[42] Bloco Carnavalesco Ilê Aiyê, *República de Palmares*, Salvador, Bahia, 1988-1989, p. 2

das terras de Palmares foram entregues aos moradores reconhecidos como descendentes e "herdeiros" do quilombo, em aplicação de uma lei inscrita na Constituição de 1988. Segundo essa lei (Art. 216, V, 5), o Estado reconhece, em Palmares e em todas as outras localidades similares, o status de "comunidade herdeira de quilombo". O movimento de reconhecimento das "comunidades remanescentes de quilombos" (ou "comunidades quilombolas") havia sido lançado, e milhares de demandas de reconhecimento foram feitas nas décadas seguintes, tornando a identificação com o quilombo um modo de ação política.

A Deusa do Ébano

Em 1979, alguns dias antes do carnaval, foi concebido um primeiro esboço do que se tornou, no ano seguinte, a "Noite da Beleza Negra", festa que posteriormente seria a mais importante do Ilê Aiyê antes do carnaval. Naquele ano, o concurso da "Mais Bela Crioula" foi organizado como uma réplica e uma crítica aos concursos de beleza do carnaval, em que as mulheres brancas representavam o modelo de beleza para todos. Nesse mesmo ano, 1979, o samba intitulado "Deusa do Ébano" recebe a menção honrosa do festival de sambas realizado um pouco antes do concurso. Chamada sucessivamente, ao longo dos anos, de Crioula Ilê, depois Negra Ilê e, finalmente, Deusa do Ébano, a vencedora assume o papel ritual de Rainha do bloco carnavalesco: no desfile, ela segue num palanque reservado para esse fim, com graciosos movimentos de dança num estilo afro. Ela é, portanto, a representação mais visível da feminilidade africana almejada pela associação. Essa representação se prolonga durante todo o ano, por ocasião de espetáculos e ensaios públicos, de encontros e viagens de representantes e da bateria do bloco, fora de Salvador e até fora do país.

Desde os primeiros concursos de beleza negra, o bloco quis dar a esse exercício, geralmente bastante frívolo e muito comum nos períodos pré-carnavalescos, objetivos morais e políticos de envergadura, tais como a "busca constante da mudança dos padrões de beleza no país, a valorização da beleza negra, a realização do negro a partir de suas características próprias, a sua integração, bem como a de seus valores na sociedade" (segundo artigo de Osvaldo Barreto, "Ilê mostra a alma e a graça do negro em noite de baile e arte", *A Tarde*, 13 de fevereiro de

1981). Quando se candidatam, as moças recebem uma série de recomendações referentes ao sentido a ser dado a esse ato. É o que se observa nas orientações da diretoria do bloco às candidatas, como nesse exemplo de 1988: "Nós, descendentes de africanos que lutamos por direitos iguais para todos, no Brasil, começamos a reafirmar que o povo negro tem sua beleza específica e singular, que deve ser respeitada, preservada e expandida. [...] A mulher negra no Ilê Aiyê e no Brasil é sinônimo de dignidade, força e preservação da herança de nossos ancestrais que sofreram, mas resistiram. Hoje as mulheres no Ilê Aiyê são parte fundamental de nossa estrutura, de nossa família Ilê" (*Da diretoria do B.C. Ilê Aiyê para Candidatas a "Rainha Ilê"*, 1988). As recomendações da diretoria indicam claramente às candidatas que elas devem "competir de maneira digna e mostrar sua Beleza Negra de forma consciente; dançar em público e se comunicar com o público de maneira desinibida; levar esse evento a sério e respeitá-lo; valorizar seu padrão racial; respeitar as roupas de nossa religião".

Vemos nesse trecho que a beleza e a feminilidade são inseparáveis de determinados princípios morais: dignidade, força, ancestralidade (herança, religião), valores de família (família Ilê e deveres familiares), orgulho (desinibição da postura). Ao longo dos anos, esses princípios foram cada vez mais radicalizados, ao menos em sua formulação verbal e pública: "Nós devíamos mostrar a beleza e o encanto da mulher negra", declara Arany Santana, artista, intelectual e membro da diretoria do bloco, ao jornal local em 1988, complementando: "Nossa rainha não deve exibir as coxas e outras partes do corpo. No topo do carro alegórico [no desfile], ela deve transmitir a magia e a força da dança negra e deve ter consciência da negritude. A beleza só não basta" (Hamilton Vieira, "Negra, a cor da beleza", *A Tarde*, 30 de janeiro de 1988). Ecoando essa última afirmação, as candidatas respondem a questionários ou entrevistas, após lerem o texto que apresenta o tema do ano, afirmando como compreendem a vocação do Ilê Aiyê: "Sua tradição africana", "O amor pela cultura afro-brasileira", "O início de um conhecimento da origem negra", "A força que ele dá aos negros", "A homenagem prestada aos negros", "O valor que ele dá a nossa cor".

Desde os primórdios da festa, encontramos os princípios de avaliação das candidatas que permanecem em vigor até hoje: a dança, as roupas utilizadas, a "beleza natural", a postura (corporal) e a comunicação. Diante de um público que, a depender do ano, varia entre 2 mil

A Deusa do Ébano durante o desfile de 1997.

e 5 mil espectadores para a grande festa anual do bloco, uma média de quinze candidatas se apresenta em cada concurso. Pude consultar nos arquivos do Ilê os formulários de inscrição preenchidos em 1979, isto é, os do primeiro concurso da Beleza Negra, guardados desde então. Tentei esboçar um pequeno retrato sociológico das candidatas nos primeiros dias do concurso. As idades variavam de 14 a 29 anos, a média sendo de 20 anos. Entre as vinte jovens que participaram naquele ano, seis candidatas tinham um nível escolar básico (ou seja, quatro anos de escolaridade), três tinham o nível ginasial, oito estavam no ensino médio (ou seja, tinham entre nove e dez anos de escolaridade); dentre essas, duas estavam no ensino regular e seis no ensino técnico e, finalmente, as três candidatas mais velhas (25, 28 e 29 anos) eram estudantes universitárias. Se mais de metade das candidatas tinha nove anos de escolaridade ou mais, esse nível de formação só era alcançado, naquele momento, por uma a cada cinco mulheres em Salvador, num campo amostral que considera todas as cores de pele. Os bairros das candidatas refletiam esse nível social apreciável: nove candidatas vinham da Liberdade e de bairros adjacentes — bairros operários, populares, mas não "marginalizados" — e nove outras de bairros antigos de classe média baixa.

Enfim, é possível pensar que o nível social das candidatas, muito superior à média das mulheres negras da capital e mais elevado também do que o da maior parte dos membros do Ilê Aiyê, apresente duas razões convergentes. Por um lado, à imagem da diretoria da associação, a Rainha encarnaria uma certa visibilidade da distinção social que se reflete na imagem do bloco como um todo. Por outro, as qualidades exigidas para concorrer pedem necessariamente uma boa dose de capital cultural: modo de se comportar, eloquência, consciência, prática da dança e do esporte (para a metade das candidatas) são, aqui como em outros lugares, aprendizados de classe.

Uma vez escolhidas, as Deusas do Ébano terão a oportunidade de se expressar publicamente, por exemplo, em entrevistas sobre a concepção de feminilidade "africana". "Vou tentar, no carnaval e em outras festas do Ilê, mostrar a beleza da mulher negra, a força e a beleza da dança e da cultura de origem africana", declara a Deusa do Ébano de 1988 ao jornal local (*A Tarde*, 2 de fevereiro de 1988). "Uma das coisas mais importantes da minha vida foi entrar no bloco em 1982", declara aos jornalistas a Rainha do Ilê Aiyê de 1986, então com 21 anos, antes de contar como ela passou, a partir daquele momento, "a se valorizar como mulher negra" e a "ter mais fé em si mesma" (*A Tarde*, 7 de fevereiro de 1986).

Na Noite da Beleza Negra, desfiles de penteados afro, roupas típicas africanas, espetáculos de dança afro e uma apresentação dos melhores sambas do bloco animam a festa durante toda a noite. A escolha da Deusa do Ébano é o ponto alto. As concorrentes não se apresentam de biquíni ou maiô de banho. Ao contrário, vão muito bem-vestidas, cada uma dando uma interpretação pessoal ao conceito comum de beleza africana, que se inspira nos temas do bloco no carnaval, na história e no imaginário do candomblé. Desse último registro, religioso, as jovens extraem boa parte de seu charme étnico. Entre os outros valores que não o da "beleza natural", o nome do orixá conta muito. Na entrada em cena de cada candidata, a apresentadora do desfile enumera os qualificativos de sua identidade: nome, idade, local de residência, emprego, se for o caso, e, por fim, seu orixá pessoal. As candidatas se inspiram na dimensão inesgotável e fantástica do mundo dos orixás. Elas o fazem interessadas em sua mais recente versão secularizada, que dá destaque a certos traços de personalidade (a vaidade de Oxum, a coragem de Iemanjá, o orgulho de Iansã, isso para mencionar apenas os orixás femininos) tornando-os, assim, mais pessoais. Essas figuras divinas foram popularizadas, entre outras coisas, por uma série de publicações em grande tiragem, que reproduzem trechos ou resumos parciais de obras de etnólogos, então transformadas em criadoras de memória. Folhetos de oito páginas, com pôsteres gigantes que exibem uma representação muito "visual" do orixá, são vendidos a um preço muito baixo nas bancas de jornal. Foi se formando assim um imaginário popular simplificado do Orun (o mundo das divindades), fundado na secularização e na psicologização dos orixás e na individualização da relação com a divindade. Desse modo, para as candidatas à Deusa do Ébano, ser "filha de Oxum" significa ser guiada pelo princípio da beleza e amar o ouro: a estética e a riqueza. Doce e sensual, vestida com roupas douradas, Oxum influencia também, de maneira secundária, a esfera da maternidade. Com essas três características — beleza, riqueza, maternidade —, a divindade das águas doces usa as cores preferidas da Deusa do Ébano. Aliás, ao término do concurso, tarde da noite, uma escultura representando a divindade Oxum é entregue como troféu às primeiras colocadas — a Rainha do bloco e suas duas princesas.

Se a Deusa do Ébano se constrói em oposição à imagem das rainhas habituais do carnaval contemporâneo, cuja estética é dominada pela referência à brancura e ao embranquecimento da pele, essa imagem se opõe também àquela, mais ambígua, da mulher negra proveniente das relações raciais no contexto da escravização. Os vestígios dessas representações foram mapeados por historiadores e relatados pela poesia popular do início do século XX em alguns episódios memoráveis. É o caso em especial do poema de Jorge de Lima, "Essa Negra Fulô", que é um elogio aos poderes sensuais da jovem escravizada e de sua superioridade em relação à senhora branca aos olhos do senhor. Esse poema bastante conhecido é uma ilustração literária da relação complexa entre sujeição e resistência na forma patriarcal e paternalista do escravismo.[43] Sempre solicitada e repreendida pela senhora branca, que a acusa de todos os roubos, Fulô acaba por seduzir sem esforço o seu senhor. A última estrofe do poema é um lamento da mulher branca que teve o seu marido roubado e, com ele, todo o seu poder: "Ó Fulô? Ó Fulô?/ Cadê, cadê teu sinhô/ que nosso Senhor me mandou?/ Ah! Foi você que roubou/ Foi você, negra Fulô?".

O que esse poema tem a ver com a Deusa do Ébano de hoje? Para compreender essa relação, precisamos voltar à relação política da escravização descrita como um *continuum*. Ela parte de algumas figuras de negociação, por um lado a negociação individual (submissão, sedução, contrato) e, por outro, a negociação coletiva (petições, greves, movimentos sociais diversos, organizações do candomblé e das confrarias negras), e vai até os pontos de ruptura, uns individuais (como o crime, o suicídio ou a fuga), outros coletivos (como as revoltas urbanas ou o reagrupamento em quilombos).[44] Eduardo Silva observa, na obra citada, a diferença de atitude entre homens e mulheres diante desse leque de soluções. As possibilidades de negociar sua posição pessoal sem mudar a situação de escravização eram maiores para as mulheres do que para os homens (sedução, malícia, poder doméstico, ascendência religiosa da mãe de santo ou afetiva da Mãe Preta). Os homens, por sua vez, eram mais propensos a fugir do sistema ou a se insurgir coletiva-

---

[43] Ver Oswaldo de Camargo, *O negro escrito: apontamentos sobre a presença do negro na literatura brasileira*, São Paulo, IMESP, 1987, p. 133.

[44] João José Reis e Eduardo Silva, *Negociação e conflito*, *op. cit.*

mente. No entanto, a história reescrita do Ilê Aiyê (e, à sua imagem, a do movimento negro em geral) tende a eliminar as figuras imprecisas e individualistas. Se a Deusa do Ébano pode muito bem ter charme (como indica o critério um pouco deslocado da "beleza natural" dos primeiros anos da festa) e exibir na dança uma sensualidade que lembrará, talvez, a Negra Fulô, sua postura é também altiva, ela tem "consciência" de sua situação racial, da história da escravização e de sua ascendência africana, e deve inspirar respeito. Ela nega qualquer ambiguidade ao papel feminino em situação de desigualdade, passada ou presente. É a réplica feminina da figura altamente política de Zumbi, líder do quilombo, aqui também percebido como um movimento inequívoco de resistência.

A Mãe Preta

As festas que celebram a "Semana da Mãe Preta" não costumam reunir a multidão imensa dos concursos da Deusa do Ébano. Trata-se, geralmente, de três ou quatro dias de encontros, durante os quais acontecem, a cada ano, uma exposição de artesanato, uma exposição-venda de pratos afro-brasileiros, uma oficina de penteados afro, projeções de filmes (sobre o bloco Ilê Aiyê, sobre líderes e países africanos, sobre os movimentos negros no mundo) e debates públicos com a participação de intelectuais negros. Nesse último caso, os temas abordados ao longo dos anos são "A mulher negra na sociedade brasileira", "Mulher negra: história de resistências", "A resistência cultural da mulher negra", "O recenseamento, o controle da natalidade e a população negra" etc. As programações contam também, a cada ano, com um ou dois ensaios em homenagem à Mãe Preta, e com uma recepção final durante a qual é entregue a cada participante um estandarte com a imagem do personagem celebrado. Essa breve enumeração evidencia o lugar acordado ao *savoir-faire* feminino: cozinha, serviços e artesanato. Ela representa a maior parte das atividades e do valor do trabalho (como mercadoria ou doméstico) para as mulheres baianas de bairros populares. Associado à dedicação, ao sofrimento e à integridade, o trabalho forma um primeiro conjunto de valores que define a personagem da Mãe Preta. Vêm em seguida os valores associados à maternidade e à tradição. Juntos, esses três registros sociais e morais (trabalho, maternidade, tradição) fundam a dignidade da Mãe Preta em torno de uma maternidade três vezes definida: mãe de leite, mãe de sangue e mãe de santo. Sob esses três aspectos, a imagem da Mãe Preta celebrada pelo Ilê Aiyê propõe uma completa inversão de sentido em relação à sua representação histórica ainda presente no Brasil. O bloco assumiu, portanto, o compromisso com uma verdadeira luta simbólica, imagem contra imagem, a respeito da maternidade das mulheres negras.

De fato, pode-se encontrar imagens da "Mãe Preta" após a abolição da escravatura no final do século XIX. Essas representações correspondem ao retrato da ama de leite, a mãe negra nutriz carregando a criança do senhor branco nas costas. Mais ou menos no mesmo período, no início do século XX, no carnaval da época, um carro alegórico representa a Mãe Preta sob a forma de um boneco de traços "pretos" marcantes empurrando um carrinho de bebê no qual se encontram doze meninas brancas com trajes burgueses. Seria essa uma caricatura propositadamente depreciativa e/ou uma celebração sincera, em consonância com a mentalidade da época (o fim do regime escravista), daquela que teria encarnado a relação íntima entre as raças? Ou, ainda, uma ironia crítica dessa crença em si mesma muito política? Esse imaginário está enraizado na sociedade brasileira, especialmente na Bahia, onde o modelo histórico escravocrata da família patriarcal do senhor branco comporta a possibilidade de celebração íntima da ama de leite negra, aquela que teria permitido o encontro das duas raças e a paz social, segundo a visão do historiador e pensador Gilberto Freyre, que se tornou a narrativa oficial brasileira.

Foi contra essa narrativa nacional pós-escravismo que o Ilê Aiyê elaborou progressivamente sua própria imagem da Mãe Preta, totalmente descentrada da imagem anterior.

Num primeiro momento, criando na década de 1980 cartazes para celebrar o "Dia da Mãe Preta" (comemorado todo 28 de setembro): as imagens permanecem associadas, como no imaginário colonial, à maternidade, à amamentação e à alimentação oferecidas pela mãe negra, porém não mais para o filho do senhor branco, mas para o seu próprio filho. Além disso, uma das três imagens remete ao preparo da comida tal como se praticava tradicionalmente nas aldeias africanas (a mulher com o pilão e o almofariz, e seu filho nas costas). A partir daí, uma homenagem é prestada à família negra, no âmbito da qual o lugar central que as mulheres ocupam, especialmente as mães, é ampla-

Ao lado, "Ama" — figura da Mãe Preta no início do século XX, cartão-postal (*c*. 1905), no *Álbum-Lembrança da Exposição Iconográfica e Bibliográfica Bahiana*, Prefeitura Municipal de Salvador, 1951.

Abaixo, carro alegórico da Mãe Preta, no carnaval da Bahia, início do século XX — arquivo do jornal *A Tarde*, de Salvador.

Aqui e nas páginas seguintes: três cartazes da década de 1980, anunciando o "Dia da Mãe Preta", celebração que o Ilê Aiyê realiza todos os anos a 28 de setembro, data da assinatura da Lei do Ventre Livre (1871).

mente reconhecido e tem suscitado diversos comentários e trabalhos de pesquisa.

Em seguida, a imagem evolui para a esfera espiritual, na qual a Mãe Preta se africaniza não mais por intermédio de imagens do continente africano, mas na representação da mãe de santo do candomblé da Bahia. No desfile de carnaval do bloco Ilê Aiyê, a Mãe Preta aparece então representada em pessoa pela Mãe Hilda, sacerdotisa e mãe do cofundador do bloco. Ela encarna as dirigentes mulheres do candomblé. Para entender esse sentido, é preciso voltar não mais à história antiga, mas ao ponto de partida mais recente, sociológico e individual, dessa comemoração. Ela nasce em 1979, quando o terreiro Ilê Axé Ji-

tolu celebrava os trinta anos do ofício religioso (*ebomim*) de Mãe Hilda. Nessa ocasião, dois membros do Ilê Aiyê compuseram uma canção intitulada "Mãe Preta", em muitos aspectos intermediária entre o samba de carnaval e o canto religioso. No plano musical, os empréstimos do candomblé são muito marcados (atabaques, agogô, coro de vozes femininas, ritmo lento, às vezes lancinante, do canto e do passo dançado). A letra comporta, por sua vez, duas estrofes: a segunda retoma um canto iorubá de abertura das cerimônias no terreiro de Mãe Hilda; a primeira, em português, relembra o aniversário ritual: "Mãe Preta/ Trinta anos de fé/ Dos quais destinados/ Ao culto do candomblé" (Jailson e Apolônio, "Mãe Preta", 1979).

A maternidade da Mãe Preta se torna assim espiritual e evoca a longa tradição das dirigentes mulheres que presidem há décadas o candomblé na Bahia, gerando em seus barcos de iniciados/as uma abundante descendência espiritual, sempre grata e amplamente dominada pela presença feminina. De forma consensual, em toda a sociedade baiana, algumas mães de santo são celebradas por seu poder espiritual e sua sabedoria. Mãe Aninha e Mãe Senhora, do terreiro Axé Opô Afonjá, Mãe Menininha, do terreiro de Gantois, Tia Massi, do terreiro da Casa Branca, se tornaram celebridades não apenas locais, mas nacionais. Foi assim que, em 1965, a mãe de santo de um dos principais terreiros nagôs de Salvador, Mãe Senhora, recebeu, no Rio de Janeiro e no Dia

Mãe Hilda, a Mãe Preta do Ilê Aiyê no desfile de 1997.

das Mães, o título de “Mãe Preta do Ano”. A homenagem foi feita durante uma grande festa pública, com a presença de uma orquestra afro-brasileira e 24 atabaques. Proclamada Mãe Preta, a mãe de santo lembrou, em seu discurso de agradecimento, os componentes históricos da personagem: “em nome dos orixás, abençoo meus filhos brancos e negros e todo o Brasil”.[45]

[45] Deoscóredes Maximiliano dos Santos, *História de um terreiro nagô*, São Paulo, Max Limonad, 1988, p. 31.

A festa de 1979 em homenagem aos trinta anos do ofício religioso de Mãe Hilda foi o momento da criação da personagem ritual da Mãe Preta como papel carnavalesco. Ela anunciava também o lugar simbólico que o bloco lhe atribuiria nos anos seguintes, como "conselheira espiritual", depois "matriarca" e "líder espiritual" e, finalmente, "Estrela-Guia da Comunidade Negra Ilê Aiyê" (in *Caderno de Educação do Ilê Aiyê*, vol. XII, 2009). É no desfile que a personagem se torna pública, visível para todos, e participa do ritual do Ilê Aiyê. E é sobretudo ali que a dignidade da sacerdotisa é encenada. Tal como uma estátua, Mãe Hilda desempenhou o papel de Mãe Preta até o ano de sua morte, em 2009, aproximando o máximo possível seus dois papéis — social e ritual — a ponto de sobrepô-los. Sentada em sua poltrona de mãe de santo, ou em pé às vezes, sobre a plataforma do carro alegórico que avança lentamente, ela fica lado a lado com a Rainha que dança, a jovem escolhida para ser a Deusa do Ébano na Noite da Beleza Negra. As duas imagens da mulher negra, a mais jovem e a mais velha, encontram-se assim reunidas, encarnando, ao mesmo tempo, uma parte da história reescrita, valores morais e sociais críticos, e duas personagens carnavalescas de hoje, totalmente originais e distintas em meio à algazarra da festa contemporânea.

O rito carnavalesco

Trata-se de um evento particularmente espetacular que acontece todo ano na noite do sábado de carnaval. Todos se preparam com muito cuidado, no bloco e no terreiro em que ele ocorre, mas também no entorno: emissoras de televisão comparecem (elas pagam pelo direito de filmar o ritual), além de fotógrafos e um público estrangeiro. Personalidades políticas de esquerda ou de direita também aparecem, militantes do movimento negro, intelectuais amigos do bloco, estudantes, com frequência artistas de envergadura regional ou nacional vão prestigiar e, é claro, os moradores do Curuzu. Popularmente, usam-se termos provenientes do candomblé para caracterizar o rito que marca a saída do Ilê Aiyê no carnaval de rua: "obrigação", "despacho" ou "padê" — três termos (o terceiro deles em iorubá) que designam as oferendas a Exu, divindade mensageira entre os homens e os orixás no candomblé. Aqueles que o invocam querem com isso simbolizar a presença, no bloco, do mundo religioso do candomblé. É a atividade mais original do Ilê Aiyê, sua mais importante marca de identidade. Baseando-se nesse rito, o Ilê Aiyê é visto pelos membros do bloco e por seus espectadores como o mais africano e o mais puro de todos os blocos afro do carnaval: é nesse momento que, literalmente, ele parece ter saído de uma casa de candomblé, o que explica o porquê de alguns o verem como um afoxé e, desse modo, como prova da presença das tradições africanas no Brasil. Defenderei aqui que esse evento ritual é, na verdade, uma das etapas de um dispositivo ritual mais amplo, geralmente omitido em razão do desejo de vincular o bloco ao candomblé e, portanto, por outro atalho, à pura tradição africana. Eu considero que é no conjunto do rito carnavalesco que esse momento assume toda a sua significação. Ao mesmo tempo saída para a rua e entrada no mundo do carnaval, o rito de "abertura do caminho" marca a passagem de um universo simbólico a outro, do mundo social da vida ordinária ao mundo extraordinário do carnaval. Trata-se da fase liminar propriamente dita, mas essa liminaridade só produz sentido porque há um antes e um depois, um estado preliminar e um outro, pós-liminar, para retomar os termos do etnólogo Arnold Van Gennep, grande especialista da análise ritual no início do século XX, retomados no fim do mesmo século por Victor Turner, outro antropólogo da situação ritual.[46] Ambos inspiraram minhas repetidas observações do ritual, minhas conversas com seus protagonistas para ouvir delas e deles como vivem o ritual e o sentido a ele atribuído a fim de estar o mais próximo possível da verdade, isto é, da fidelidade ao sentido do rito em seu contexto. Junto a meus predecessores, distingo, portanto, um momento inicial de separação da condição social anterior, um momento de "reagregação" numa nova condição (e numa nova identidade) e, entre os dois, um momento de passagem. Ao levarmos em consideração o ritual carnavalesco do Ilê Aiyê como um todo, podemos compreender que esses dois momentos são representados, de um lado, pelas diferentes "lavagens" que precedem o rito de abertura do caminho propriamente dito e, de outro, pelo desfile que o prolonga imediatamente e opera a reagregação numa nova condição. Entre os dois, há o momento de abertura do caminho. É o conjunto desse dispositivo ritual — lavagens, abertura, des-

---

[46] Ver Arnold Van Gennep, *Les rites de passage* [1909], Paris, Picard, 1981, e Victor Turner, *O processo ritual: estrutura e antiestrutura*, Petrópolis, Vozes, 2013.

file — que produz sentido enquanto encenação da identidade no carnaval, e não cada elemento separadamente, por mais visível que seja. Descreverei esses três momentos sucessivos e o encadeamento entre eles.

As lavagens

Na manhã que precede a primeira saída do bloco (no sábado), diversas pessoas recebem um banho de folhas purificante no terreiro de Mãe Hilda: os cantores do bloco (cinco ou seis), os dançarinos e dançarinas (mesma quantidade), o Rei e a Rainha — todos terão de subir nos carros alegóricos durante as saídas do bloco na rua. A lavagem envolve também alguns membros da diretoria da associação — aquelas e aqueles que desfilarão na frente. Esse rito visa a proteger quem estará mais exposto aos perigos da rua do carnaval: violência, cansaço e, de modo geral, a responsabilidade pelo bom andamento do desfile. Além disso, membros da associação e adeptos (não necessariamente iniciados) do candomblé fazem suas próprias proteções simbólicas antes de sair para o carnaval: banhos de folhas, lavagem ritual de contas (as pulseiras que encarnam seus orixás são lavadas pelo chefe de cerimônia com uma água contendo folhas do orixá protetor). Proteger, cobrir ou "fechar" o corpo, infundir nele força (axé) são as motivações de cada um. Esses ritos são individualizados em sua execução, mas normalizados socialmente, convergindo para um mesmo objetivo: o carnaval. Ritos de purificação e proteção, que marcam para cada um e cada uma a separação de sua condição social comum para entrar em um novo papel e em um novo espaço. Todos preparam seu corpo e seu espírito para "ser Ilê" por cinco dias.

A abertura do caminho

À noite, a partir das 20 horas, há uma grande agitação na entrada do terreiro e da casa de Mãe Hilda. Chegam cada vez mais participantes. A bateria do grupo se reúne na frente da casa, toca e aguarda. Às 23 horas, começa o rito de abertura. Mãe Hilda e quatro de suas filhas de santo (iaôs), todas mais velhas e vestidas com roupas do candomblé (trajes brancos de crinolina), ficam na porta da casa, na varanda. Ao lado, estão os diretores do bloco agrupados (aproximadamente quinze), os cantores e dançarinos (por volta de dez, no total), a Rainha e outras filhas de santo. Dois universos rituais, o do candomblé e o do carnaval, se fundem nesse momento.

Mãe Hilda joga as pipocas de Omolu para os membros do bloco e da bateria do Ilê Aiyê.

As percussões são interrompidas. Três bacias são postas na entrada da casa: uma de pipoca (comida ritual de Omolu), uma de milho branco cozido (comida de Oxalá), uma de farinha de mandioca branca (comida de Oxalá), assim como um balde contendo acaçá (massa de milho diluída na água, comida de Exu). Mãe Hilda e as iaôs descem as escadas, dão alguns passos na rua e começam a jogar as pipocas, o mi-

Mãe Hilda e as iaôs (filhas de santo) jogam acaçá, a água de Exu.

lho cozido e a farinha de mandioca num canto da calçada. O público se afasta para lhes dar passagem. Aos poucos, os participantes começam a bater palmas de forma abafada e concentrada, produzindo um som idêntico ao que acompanha as obrigações rituais do candomblé. Em seguida, Mãe Hilda e as iaôs jogam a água de Exu (acaçá) no caminho. Depois, a pipoca de Omolu é jogada sobre as pessoas e os percussionistas. Na sequência, elas voltam para a frente da casa.

O grupo se reúne na frente da casa. Ao sinal de Mãe Hilda, um primeiro cântico de candomblé é entoado. Esse canto, como o seguinte, é um louvor, um agradecimento e uma prova de satisfação. Cantados em iorubá, são cantos geralmente executados no início ou no fim das cerimônias de candomblé, isto é, fora dos momentos de possessão. São cantos de glória, que não nomeiam os orixás. Trata-se, como nos afoxés, de "um repertório cuidadosamente escolhido, que compreende ape-

Vovô soltando uma pomba de Oxalá.

nas hinos 'fracos', isto é, que apenas prestam homenagem aos orixás, sem os induzir a se incorporar em alguém".[47] Do mesmo modo, o vestido da mãe de santo e o das iaôs é o mesmo que, no candomblé, é usado no início dos rituais, antes da possessão, e não o vestido dos orixás "incorporados".

Todos os diretores do bloco levam uma pomba nas mãos. Esse animal é um emblema da divindade Oxalá, mas ele não é sacrificado. Também é uma referência cristã universalmente associada à paz e, na Bahia, ao Senhor do Bonfim (imagem de Cristo). Uma representação da pomba de Oxalá se encontra perto da entrada da sala de consultas do terreiro de Mãe Hilda. A um sinal seu, as pombas são soltas. As pessoas

---

[47] Edison Carneiro, *Folguedos tradicionais*, *op. cit.*, p. 103.

batem palmas de forma abafada, exatamente como da vez anterior. De novo, um canto de candomblé (do mesmo teor do primeiro) é entoado. Depois um terceiro. Trata-se da canção/samba da Mãe Preta, cuja primeira estrofe homenageia a mãe de santo Mãe Hilda, inventora e grande organizadora do ritual, e a segunda estrofe retoma o canto de abertura das cerimônias em homenagem à divindade Omolu, orixá "mestre" do terreiro de Mãe Hilda. O canto "pede permissão no caminho" ("Agô dagô Ionã", em iorubá). Misturando-se às vozes, a bateria do bloco começa a tocar baixinho. Mãe Hilda e em seguida seu filho dão sinal de partida. O "caminho está aberto".[48]

Quando começa o cortejo, que reúne por volta de mil pessoas, a mãe de santo se dirige aos cantores, aos dançarinos, aos responsáveis pelo bloco e, depois, indiscriminadamente, à multidão que pede sua presença, para que ela trace em seus corpos (ombro, costas, torso) cruzes de giz branco. São as pembas que encontramos na umbanda. Elas protegem os corpos, anulam a ação dos maus espíritos e garantem que tudo ficará bem. A mãe de santo faz esse "passe" durante a caminhada na rua que sobe até a rua principal do bairro, na parte alta.

O desfile

A caminhada dura de duas a três horas, passando pela rua Curuzu (onde fica a sede do bloco), pela rua principal do bairro (Estrada da Liberdade), e seguindo até a praça central, na entrada do funicular que vem da Cidade Baixa, batizada em 1992 de praça Nelson Mandela. O cortejo aumenta sem parar graças à chegada de pessoas que saem de suas casas, dos bares, das calçadas. São mais de duas horas da manhã quando o bloco chega na praça principal, reunindo uma multidão de 3 mil a 4 mil pessoas. Se o desfile se faz com música, não se trata exatamente de uma dança, mas de uma caminhada lenta e agradável, marcada por encontros e conversas entre amigos. Em seguida, cada um dos membros da associação vai a pé, de ônibus ou de carro até a grande avenida do carnaval, onde o bloco retoma seu desfile nas primeiras horas da manhã.

---

[48] Esse ritual de abertura de caminhos foi executado pela própria Mãe Hilda até o seu falecimento, em 2009. Ele foi mantido nos anos seguintes, executado por sua filha Hildelice, nova mãe de santo do terreiro Ilê Axé Jitolu.

Os desfiles carnavalescos do bloco têm um clima ameno, como um passeio em família ou entre amigos. Não violento em sua apresentação, o Ilê Aiyê impõe principalmente uma imagem de ordem, diferentemente de outros grupos carnavalescos. No próprio desfile, a vigilância das cordas é rigorosa. Os intrusos são severamente postos para fora caso sejam pegos sem os trajes típicos ou sem a carteirinha do bloco. A embriaguez excessiva (devida ao álcool e às diversas drogas que circulam no carnaval) é rara e condenada de forma virulenta. Em nada desordeiro, relativamente mais bem organizado em relação a seus homólogos (outros blocos de percussão), o bloco da "Família Ilê" impôs uma estética coletiva no carnaval, em torno da Beleza Negra. Além disso, muitos elementos das fantasias lembram a origem africana afirmada pelo Ilê Aiyê: é, precisamente, o caso do turbante, da bata bordada e do pano da Costa — referência à Costa de Mina, no Oeste da África — elementos tradicionais dos adeptos do candomblé. Em outros casos, essa referência é mais aproximativa, recorrendo a imagens convencionais da África (fundadas em um imaginário "global" e caricatural ao mesmo tempo), como é o caso das calças desbotadas, das sandálias de couro ou da *chéchia* (a cobertura de cabeça usada pelos muçulmanos).

As mulheres, graciosamente maquiadas, enfeitam-se com símbolos religiosos de proteção: pulseiras de couro e búzios, colares sagrados com as cores dos orixás pessoais. Os homens zelam por sua aparência com pequenos itens artesanais de couro finamente trabalhados (pulseiras ou bolsinhas penduradas no pescoço ou ao modo carteiro), bandanas na cabeça com as cores do Ilê Aiyê e colares de contas..., completando, às vezes, o traje com óculos escuros. As roupas do Ilê Aiyê são costuradas com um tecido de estampas desenhadas pelos mesmos dois artistas afro desde o início dos anos 1980 (J. Cunha a partir de 1980, Mundão de 2005 em diante). Essas estampas, renovadas todos os anos, ilustram o tema apresentado no carnaval. Elas combinam, a cada vez, as quatro cores emblemáticas do bloco: o branco representa a paz e a divindade Oxalá, o primeiro dos orixás, símbolo da criação; o preto lembra a cor da pele e a "raça" negra, sendo também, junto ao branco, uma cor do orixá da casa, Omolu; o vermelho simboliza o sofrimento e, junto ao preto, é uma das cores de Exu, o mensageiro dos deuses, aquele que "abre os caminhos"; o amarelo, por fim, é o ouro e a riqueza, além de ser também a cor de Oxum, divindade da beleza feminina. Os tecidos carregam igualmente nomes de países, etnias ou líderes celebrados pelo enredo. Algumas diferenças, no desenho do tecido ou em seu corte, marcam as distinções internas entre os membros do diretório, percussionistas da bateria e simples membros da associação.

As mulheres usam o turbante na primeira saída do bloco (no sábado à noite) e, nas noites seguintes (segunda e terça-feira), elas devem mostrar seus cabelos trançados — marca do orgulho dos negros por todos os seus atributos físicos, incluindo aqueles que o racismo brasileiro depreciou explicitamente, como o "cabelo duro". Para algumas mulheres do Ilê Aiyê, a maneira de usar o cabelo (durante e após o carnaval) é a prova mais explícita da mudança vivenciada graças ao bloco.

A maneira de andar e de dançar é objeto de atenção. Cadenciado por grandes percussões, o ritmo é inspirado no ijexá, que é tocado e dançado no candomblé, do qual o Ilê Aiyê também toma emprestado alguns instrumentos característicos, como o agogô e os atabaques. Do início ao fim, o desfile é ritmado pelos sambas do bloco. A sonoridade dos instrumentos, o ritmo das percussões e as entonações do coro negro remetem ao candomblé. As letras das canções, por sua vez, expõem críticas ao racismo, apologias a heróis africanos, negros americanos ou afro-brasileiros, elogios do charme da beleza negra, descobertas de países africanos e das autocelebrações do próprio Ilê Aiyê. Alguns membros do bloco seguram pequenos cartazes ou tecidos com slogans impressos tais como "Ilê Aiyê — orgulho de ser negro", "Ilê Aiyê — não ao racismo", "Negro é lindo" etc. A graça, a elegância e a fineza das mulheres do Ilê Aiyê são elogiadas por todos e contribuem para formar a imagem de um grupo que se especializou na construção de uma estética negra. Se as danças têm um efeito estético imediato é porque potencializam um outro produzido pela ordem, pelo clima, pelo traje e pela "boa aparência" do desfile como um todo. Um efeito de solenidade e de forte carga simbólica — que em certos aspectos remete mais à procissão religiosa do que ao carnaval — é transmitido pelo lugar que ocupam as figuras rituais da Deusa do Ébano e da Mãe Preta no desfile.

Portanto, não é de se surpreender que os membros do bloco falem com mais emoção do desfile do que de todos os outros temas relativos à associação. A qualquer momento do ano, uma simples lembrança do desfile comove a ponto de levar às lágrimas, enquanto a "saída" (a abertura do caminho) é lembrada com reverência, respeito, admiração, mas também com certa distância, e as lavagens, embora sejam muitas do ponto de vista do observador, são mencionadas como a revelação de

A "ala de dança" do Ilê Aiyê na grande avenida do carnaval,
e a marcante presença feminina nos desfiles do bloco.

pequenos segredos pessoais. A lembrança do desfile reproduz a emoção já presente no momento do próprio cortejo, no instante em que o encontro entre o indivíduo e o coletivo é encenado diante dos outros. Participar do desfile e, consequentemente, da comunidade ritual, exige um investimento pessoal importante, no plano financeiro, mas também no plano da preparação estética, o que reforça para cada um o sentimento de engajamento coletivo. Ninguém quer que a festa seja um fracasso. Inclusive, os diretores fazem questão de lembrar que os membros do bloco (os mais antigos, principalmente) são bem mais rigorosos que eles próprios no controle das atitudes (apresentar a carteirinha do bloco, ter a cor de pele justa, vestir a roupa "conforme o modelo Ilê", ter uma postura física e moral correta).

Ao observarmos o conjunto do ritual carnavalesco como um todo, como propus acima, vemos uma progressão: desde os gestos mais pessoais e ocultos até a manifestação coletiva de 2 mil a 3 mil pessoas que formam um "bloco" sob a iluminação dos projetores e o crepitar dos *flashes*. O desfile combina o sentido que produz para si mesmo e a imagem que passa para os outros. É a partir do desfile que a comunidade ritual — com suas danças, seus heróis, suas cores, sua memória reescrita (que encontramos nos sambas) e seu nome — começa a existir para si e, ao mesmo tempo, se mostra aos outros. É o momento "espetacular" da condensação de todo um trabalho cultural que o precedeu e preparou. Eu o descrevi e o analisei desde o início do ritual do carnaval (junto às lavagens) e, mesmo antes, no início do calendário ritual, em setembro, quando os preparativos já estão em andamento para o último desfile de carnaval na madrugada da Quarta-Feira de Cinzas.

O samba ijexá

Ao longo de seus carnavais, o Ilê Aiyê criou um estilo próprio de samba — letras, música e dança — que ficou conhecido como samba ijexá — nome dado em referência a uma das vertentes do candomblé de nação ritual nagô. Esse estilo é tudo o que qualquer pessoa mais ou menos familiarizada com a Bahia e seu carnaval precisa para identificar o bloco do Ilê e o novo carnaval "africano" da Bahia que ele criou. Aqui, um pequeno recuo se faz necessário para entender a evolução do samba.

Como se dança o samba?

A pergunta pode fazer rir, de tão óbvia. Apenas um estrangeiro, ou um etnólogo, pensaria em fazê-la, uma vez que ele assume o papel de questionar o óbvio. Mas se quiserem me acompanhar, perceberão que não existe uma única resposta para essa pergunta. O tema é, em realidade, complexo e apaixonante. Em 1962, no Rio de Janeiro, acontece o Primeiro Congresso do Samba. Ele reúne compositores, dançarinos e pesquisadores que discutem o texto de uma "Carta do Samba", cuja redação foi confiada ao antropólogo e militante negro Edison Carneiro. Essa moção diz, em suma, que o samba dos desfiles carnavalescos deve ser ao mesmo tempo individualista e autêntico. Individualista pois o passo de samba, ao que se diz, é pessoal, suas figuras são invenções únicas, cada um deve "executar movimentos diferentes", mas que permanecem "no espírito do samba".[49] A autenticidade desse espírito do samba, e a marcação identitária que lhe é associada, é o que está em jogo. Alguns movimentos se tornam peças-chave dessa identidade. É o caso, por exemplo, do passo de deslize, graças ao qual cada dançarino deve "falar com os pés", isto é, transmitir o que sente por meio do passo de dança. A Carta do Samba aproxima essa maleabilidade da ginga, a maleabilidade corporal da capoeira. E ela explica que o passo de deslize é mais típico do samba do que o sapateado. Mas não há consenso. Alguns anos antes, Arthur Ramos considerava que a forma "primitiva" do samba supunha tanto a bateria de percussões como a execução de um passo de dança sapateado.[50] Ele observa, aliás, que tal é o significado do termo "batuque", palavra importada da África portuguesa para o Brasil, e que vem do português "bater" (e do seu derivado, "batucar"). O termo "samba", por sua vez, vem da palavra "semba" (da língua kimbundu da região bantu), que designa "umbigada", gesto por meio do qual todo novo dançarino é chamado para entrar no meio da roda. Essa origem linguística corresponde à região geográfica de recrutamento de escravizados do ciclo do Congo e de Angola: foi o segundo ciclo de deportação de africanos escravizados para o Brasil por Portugal, que começou no início do século XVII. A Carta do Samba insiste

---

[49] Edison Carneiro, *Folguedos tradicionais*, *op. cit.*, p. 164.

[50] Arthur Ramos, *O folclore do negro no Brasil* [1935], Rio de Janeiro, Editora da CEB, 1954, p. 134.

várias vezes no fato de que foi o negro vindo de Angola, sequestrado e escravizado, que "legou o samba ao Brasil". Historicamente, essa definição do samba se refere ao período que se segue ao da abolição da escravatura, o fim do século XIX. Uma cultura à parte é assim revelada, mas livre, desenvolvida de maneira muito pouco visível no tempo do regime escravocrata. Naquele momento, o samba é marginal, sempre descrito numa linguagem étnica, africana ou bantu. É o momento em que alguns raros etnólogos (Nina Rodrigues, Arthur Ramos) descobrem as culturas dos ex-escravizados e fazem o inventário e as primeiras análises das "sobrevivências africanas no Brasil", enquanto os batuques e os afoxés eram alvos de proibições sucessivas entre a abolição da escravidão (1888) e 1930 — em particular, uma proibição severa e ininterrupta na Bahia entre 1905 e 1913.

Mas essa mesma Carta do Samba insiste também na evolução histórica da dança e defende, no momento de sua redação, em 1962, seu caráter nacional, não mais como africana e bantu, mas afro-brasileira, isto é, uma dança já adaptada à sociedade e à linguagem brasileiras — nas quais, por exemplo, o batuque designa a festa com percussões de modo geral e o samba assume o sentido mais amplo de dança e música brasileiras. Essa ideia nacional é, em si mesma, uma construção social e política que data dos anos 1920-1930. Nessa busca por nacionalidade (contemporânea à emergência da política nacionalista e populista de Vargas que tomará o poder em 1937), as artes e os divertimentos populares são integrados ao novo imaginário nacional — tudo deve se tornar brasileiro e supraétnico, à imagem do mito das três raças e da miscigenação defendida por Gilberto Freyre. Aliás, este último encontra, no Rio de Janeiro dos anos 1920, os melhores sambistas daquele momento, e é seduzido por suas composições. O elogio da mestiçagem nacional passa pela integração populista da "cultura do morro", expressão por meio da qual se designa os lazeres dos pobres da capital. Essas regiões da cidade eram fortemente marcadas pela presença de uma população negra e mestiça, no âmbito da qual os migrantes recém-chegados da Bahia (fim do século XIX e início do século XX) ocupavam um lugar importante. Subcultura popular e não mais étnica, o samba desceu os morros e se tornou nacional, com a democratização do carnaval do Rio no fervor populista dos anos 1930. Ele também foi oficializado graças à criação das escolas de samba organizadas primeiramente nos morros — a primeira escola data de 1928. Nasce assim o samba do carnaval (chamado de "samba do morro" no Rio ou "samba-enredo" em alusão aos temas alegóricos), cuja base é a marcha cadenciada do desfile, acompanhada de grandes instrumentos de percussão.[51]

É uma nova versão que nasce a partir dos anos 1970, no carnaval de Salvador, com a chegada de jovens negros do bairro popular da Liberdade, que dizem ser "os africanos na Bahia", e introduzem o novo samba ijexá com o Ilê Aiyê. Simultaneamente, outra tese a respeito do sentido do samba vai tomar forma: ao voltar a ser "africano", ele se torna mais particular e menos nacionalista. Além disso, esse samba africano da Bahia será, por sua vez, introduzido nos ensaios das escolas de samba do Rio. Entre os anos 1970 e 1990, os movimentos sociais assumem aos poucos um aspecto cada vez mais identitário e cultural. À imagem do que acontece no resto do país e da América Latina, particularmente nos movimentos indígenas e negros, o samba é, de certa forma, "reetnicizado", no caso, reafricanizado. Mas, apesar do que esse termo sugere, o que se fabrica nesse momento não é exatamente um retorno à África do período pré-nacionalista. Trata-se de uma África *da* Bahia em um contexto de globalização avançada.

O Ilê Aiyê introduziu ritmos e passos de dança vindos diretamente dos templos de candomblé, modificando também a afirmação identitária associada ao samba. Em sua nova versão do samba, o chamado das origens remete, dessa vez, a muitas e diversas Áfricas: a que se manifesta no candomblé da Bahia (e na qual as referências ao mundo e à língua ritual iorubá são percebidas como um modelo de autenticidade) e aquela, menos direta, que é a África distante e imaginada das "terras de origem". E se olharmos os temas dos carnavais dos últimos anos, veremos que a África de referência se estende às outras sociedades e culturas que emergiram dos mundos do regime escravista (norte e sul do Brasil, Estados Unidos, Equador e Jamaica); à medida que as pesquisas-tema se aprofundam, os cultos e os ritmos locais das culturas afro desses países são descritos e valorizados com precisão.

A partir do Ilê Aiyê, ou do momento contemporâneo ao seu desenvolvimento, diversas trupes de dança afro surgiram desde os anos 1970-1980 até hoje. Um estilo e normas foram criados, definindo os movimentos e as partes do corpo consideradas típicas da dança afro.

---

[51] Ver especialmente Hermano Vianna, *O mistério do samba*, Rio de Janeiro, Jorge Zahar/EdUFRJ, 1995, e Edison Carneiro, *Folguedos tradicionais*, *op. cit.*

Se a referência à ginga como maleabilidade e livre expressão do corpo continua presente, outros elementos são introduzidos em referência à origem africana e à dança dos orixás do candomblé. Assim como o passo de deslize já presente no candomblé, o sapateado também encontra o seu lugar. De fato, ele é visto como típico da dança das "terras de origem" do samba, com "seu ritmo marcado pelas palmas e pelas percussões".[52] Os pés devem estar descalços e numa superfície plana para sentirem plenamente a energia que vem do chão e transmiti-la ao corpo. Sobre esse aspecto, Nadir Nóbrega Oliveira, coreógrafa afro e professora de dança, observa em um ensaio sobre os blocos afro da Bahia e, em particular, sobre o Ilê: "A relação do Orun (infinito) com o Aiyê (terra) é bastante evidenciada através dos braços elevados, que vão para cima e para baixo, coordenados com os pés, batendo em contratempo no chão. Em várias culturas, inclusive nas negro-africanas, o chão é o elemento natural da terra de onde extraímos parte [...] da energia corporal das danças de matrizes afro-brasileiras".[53] Os movimentos do corpo são chamados de "requebrados" (livremente ondulados em torno dos quadris). Figuras coletivas (em linha ou em círculo) são possíveis, remetendo tanto à dança dos orixás quanto ao tradicional samba de roda. Assim, após ter sido associado à diversão dos escravizados originários das regiões bantu da África, e depois à construção da identidade nacional brasileira, o samba conhece uma nova versão africana, cujo conteúdo criativo tem por história e por contexto diversos episódios da presença dos negros no Brasil e no mundo.

A música

A respeito do samba como canção (música e letra), devo levar em conta aqui também as múltiplas interpretações que seus atores propõem. Isso se vê, por exemplo, na afirmação frequente de que "os negros têm o samba no sangue". Na Europa ou nos Estados Unidos, porém, são os brasileiros que têm o "samba na pele" e, em outras terras, é o jazz que os negros têm "no sangue". O termo "sangue", embora remeta a uma definição identitária natural e até biológica, traduz, na

---

[52] Segundo o *Caderno de Educação do Ilê Aiyê*, vol. II, "Civilização bantu", 1996, p. 18.

[53] Nadir Nóbrega Oliveira, "Ilê Aiyê, Olodum, Malê Debalê e Bankoma: relato de experiências", *Rebento*, São Paulo, nº 6, maio de 2017, p. 95.

A bateria do Ilê Aiyê no carnaval de Salvador.

realidade, o resultado de longos processos de transformações culturais que devem ser compreendidos em seus contextos e em suas trajetórias individuais muito diversas.

No desfile do Ilê Aiyê, pode-se ver e ouvir sonoridades, melodias e instrumentos que vêm do candomblé (agogô, xequeré, atabaques). É essencialmente em referência a esses instrumentos e à rítmica que eles instilam que esse novo estilo de samba foi chamado de ijexá. O agogô e o xequeré introduzem timbres leves e notas agudas, em contraponto às percussões graves e surdas tradicionais das caminhadas e desfiles. No entanto, os atabaques cujo som é esmagado por outras percussões bem mais fortes (repique e marcação) são mais vistos e comentados (às vezes chamados de "tambores africanos") do que escutados. Outros instrumentos estão presentes: eles vêm de escolas de samba do Rio de Janeiro, de fanfarras militares ou escolares (marcação, caixas, repiques) ou do batuque de rua tradicional (pandeiros, chocalhos, atabaques). Finalmente, ao contrário de outros blocos afro do carnaval da Bahia, o Ilê Aiyê não rejeitou a cuíca, esse pequeno instrumento de percussão que produz um som agudo característico do samba de carnaval das escolas de samba do Rio de Janeiro, o que o aproxima de um estilo de carnaval respeitoso da musicalidade brasileira em geral. Mas reconhecemos o Ilê Aiyê sobretudo pelo seu coral, chamado de Coral Negro, em que se alternam vozes graves de homens e cantos agudos de mulheres com timbres e melodias que parecem ter saído diretamente dos terreiros de candomblé.

Os 100 a 140 instrumentos da bateria, os seis cantores e o bloco de 2.500 a 3 mil participantes que no desfile se transformam no Coral Negro compõem juntos o som do carnaval "africano". Esse som é imediatamente reconhecido pelo amante de carnaval quando, chegando no carnaval de rua, mas ainda muito longe para ser visto, o Ilê Aiyê é apenas ouvido, unindo o volume e a gravidade de um som típico dos blocos carnavalescos de percussão à leveza e aos agudos dos ritmos e sonoridades do candomblé. Na concepção do som do Ilê Aiyê (instrumentos e vozes), encontramos, portanto, a união dos gêneros, masculino e feminino, cada um deles lembrando um ao outro as referências do bloco, a tradição carnavalesca, de um lado, o candomblé de outro. Temos, portanto, as seguintes correspondências:

1) Sons graves (vozes e instrumentos) = masculino = tradição carnavalesca brasileira;

2) Sons agudos (vozes e instrumentos) = feminino = tradição religiosa africana.

Se nos situarmos no contexto masculinista do carnaval, compreenderemos que esse duplo gênero do som amplifica o lugar importante acordado às mulheres na história e na caracterização social e ritual do Ilê Aiyê: predominância (em termos quantitativos) das mulheres, importância simbólica da mãe de santo Mãe Hilda, figuras da Mãe Preta e da Deusa do Ébano etc. Isso lhe vale às vezes a chacota de outros blocos afro. O Ilê Aiyê é, inclusive, o único bloco de percussão que incluiu, desde os seus primeiros anos, uma cantora (Graça Oxanilé) em sua ala de canto composta por seis membros permanentes. Essa presença é sempre objeto de comentários (críticas ou elogios), uma vez que a regra comum é, de fato, que o samba — o dos blocos de percussão da Bahia assim como o das escolas de samba do Rio — seja cantado por vozes masculinas potentes e graves.

As letras

Sem interrupção do início ao fim do desfile de carnaval, as músicas do Ilê Aiyê animam a festa e promovem diferentes tipos de sentimentos e mensagens entre os membros do bloco e o público que o vê passar. Elas foram previamente aprovadas pelo público (seduzido ou não pela música tocada nos ensaios) e por um júri de especialistas durante o Festival Anual do Samba, que acontece no fim do mês de dezembro e do qual participam regularmente autores de poesia negra. Os sambas apresentados são classificados em duas categorias: samba-tema e samba-poesia. O primeiro deve exaltar o tema escolhido pelo bloco para o carnaval daquele ano. É uma variante do clássico samba-enredo das escolas de samba do Rio. A direção do bloco fornece para esse fim aos compositores uma cartilha fruto de uma pesquisa sobre o tema do desfile ("pesquisa-tema"), que será em seguida retomada no *Caderno de Educação* anual. O segundo é uma composição sem tema imposto, porém, o autor deve desenvolver os valores (ideológicos, morais, estéticos etc.) que ele reconhece no Ilê Aiyê. Os melhores sambas serão cantados durante o desfile, os membros do bloco recebem de antemão pequenos folhetos com as letras das novas músicas do ano. Uma seleção dos melhores sambas é impressa e divulgada em pequenos livretos do bloco e em diversas gravações de CD, compondo progressivamente um patrimônio que a direção da associação tenta valorizar como produção escrita e musical de caráter pedagógico e comercial.

Desde a criação do Ilê Aiyê, centenas de sambas foram escritos pelo bloco, entre 1.600 e 2 mil no intervalo de cinquenta anos, isto é, de 1974 a 2024, segundo minha avaliação. Mais de setecentos foram escritos entre 1974 e 1996 por cerca de trezentos compositores amadores. E, desse conjunto, graças à colaboração dos dirigentes do bloco, pude ler e estudar as letras de 309 canções criadas entre 1983 e 1996 para o Festival de Música Negra do Ilê Aiyê, incluindo aquelas que só foram cantadas uma ou duas vezes, sem sucesso, antes de cair no esquecimento. Alguns autores apareciam apenas uma única vez, enquanto outros (por volta de dez) já haviam apresentado entre seis e doze canções, todas elas no Festival de Samba, o que demonstra muito bem o surgimento, graças a esse concurso, de vocações artísticas. Entre esse conjunto de 309 sambas, 179 (58%) são sambas-poesia e 130 (isto é, 42%) são sambas-tema. A preferência dos autores pelo exercício livre não significa, porém, que os sambas-tema não sejam uma oportunidade para o exercício de diversas formas de imaginação individual a partir do tema imposto. Por isso, achei mais pertinente analisar esse *corpus* a partir de características de conteúdo do que em função de sua classificação numa ou noutra categoria, ainda que o tipo de tema escolhido para o carnaval (país africano ou episódio histórico brasileiro, por exemplo) possa exercer uma influência em certos aspectos do conteúdo. A partir desses dados, pude distinguir três gêneros de texto que se encontram em músicas, seja como referência principal (tema central da música), seja a título secundário (aparece, mas não é o tema principal). O primeiro gênero é o texto-mensagem, com músicas de conteúdo social, moral e político, contemporâneos ou históricos: ele agrupa 43% das letras em referência principal, 48% em referência secundária. O segundo é o "samba didático", com os africanismos religiosos, linguísticos ou geográficos (25% em referência principal, 35% em referência secundária). E o terceiro gênero é a autocelebração com um elogio da estética autorreferida (32% em referência principal, 17% em referência secundária). Descrevo a seguir mais precisamente o conteúdo desses tipos de letras de samba por meio de alguns exemplos.

— A vida e o sonho

No modelo do texto-mensagem, a vida real e uma outra vida, sonhada, são colocadas frente a frente. As letras se referem principalmente ao cotidiano dos negros baianos: o racismo, a discriminação, a violência etc. Elas espelham dois ou três termos africanos, ou afro-brasileiros: uma referência à beleza, à grandeza e ao orgulho de ser negro. É o caso da música abaixo, que alcançou certa notoriedade nacional depois que Caetano Veloso a gravou, em 1989, acompanhado da bateria do Ilê Aiyê:

> "Me diz que sou ridículo,/ Nos teus olhos sou malvisto,/ Diz até tenho má índole,/ Mas no fundo tu me achas bonito, lindo!/ Ilê Aiyê...!// Refrão: Negro é sempre vilão/ Até, meu bem, provar que não/ É racismo, meu, não?// Todo mundo é negro,/ De verdade é tão escuro,/ Que percebo a menor claridade./ E se eu tiver barreiras?/ Pulo, não me iludo não/ Com essa de classes no mundo,/ Sou um filho do mundo/ Um ser vivo de luz./ Ilê de luz!// [refrão]"
>
> (Carlos Lima Suka, "Ilê de luz", 1986)

Em função dos temas propostos para o carnaval do bloco, esse modelo de samba exalta a história e a vida contemporânea dos negros brasileiros, mantendo a oposição entre o vivido e as aspirações: escravização e sofrimento *versus* esperança, libertação, consciência, solidariedade; exploração *versus* reivindicações, formação, educação, elevação social. Tais são as palavras encontradas nas letras de música, que apresentam também traços de discursos mais literalmente políticos. No trecho abaixo, o sofrimento se incorporou à pele do negro e fez nele um "manto de dor", mas dor rima com cor, e a cor negra começa a "cintilar" quando ela é assumida com o Ilê Aiyê:

> "A simbolização do negro africano/ recorda um manto marcado sofrido de dor/ O negro batendo na palma da mão este canto/ este canto é a sua origem e cintila a cor// Refrão: Ilê Aiyê/ é a nossa cor/ Negro a dizer/ é nossa cor"
>
> (Moisés e Simão, "Canto da cor", 1985)

O trecho seguinte coloca em cena o encontro imaginário do autor do samba com o herói da resistência negra Zumbi. Incrédulo diante da abolição da escravidão, ele se recusa a deixar outros falarem em seu nome, pois ele sabe falar por si mesmo: Ilê Aiyê é sua "faculdade":

> "Encontrei com Zumbi/ Ele disse para mim/ Ilê minha faculdade/ passei do alfabeto/ agora é assim/ ninguém vai falar por mim// [refrão] Dinheiro, amor/ paixão e negão/ Não coma nada de abolição"
>
> (Jaguaraci Esserre, "Zumbi está vivo", 1989)

Finalmente, essas poucas palavras dirigidas às crianças que tocam na bateria infantil (do bloco *Erê*, criado em 1992) falam da felicidade de estar no bloco, de tocar tambores, mas também de estudar:

> "O estudo é a glória para você/ O repique e o surdo é o seu prazer/ Amanhã tu serás homem feliz/ pois você é o futuro do Ilê"
>
> (Guiguio, "Encanterê", 1993)

Nesse registro da criação dos sambas como mensagens, um sonho social se compõe diante do sofrimento vivido, passado ou atual. Pela magia do momento ritual, esse sonho parece se realizar no carnaval do Ilê Aiyê, ainda que ele não se concretize na sociedade. Abolir a discriminação contra o negro é coisa feita no Ilê Aiyê. Ser bela e respeitada pelos homens é uma conquista feminina já realizada nas práticas e textos rituais do bloco. Formar uma família, um lugar comunitário onde as pessoas se sintam em casa e respeitadas é algo factível no universo do Ilê Aiyê. No exemplo abaixo, o fato de ser feliz, divino, de ter um lugar para si, de compor uma elite negra, é uma realidade no Ilê Aiyê:

> "No divino Ilê Aiyê/ canta o povo negro/ Em louvor a você, divino Ilê/ No divino Ilê Aiyê/ Me sinto feliz/ cantando pra você// Ilê o seu nome é uma poesia/ fez do Curuzu a nossa moradia/ Inspirado em você os compositores/ criam uma sinfonia de melodias/ que viram em notas musicais/ Tu és a elite negra/ dos carnavais"
>
> (Valter e Adailton, "Parabéns Ilê Aiyê", 1989)

Todas as letras convergem para fazer do Ilê Aiyê o lugar onde se realiza a identidade honrável daquelas e daqueles que são alvos de inúmeras humilhações na sociedade. "Eterno abrigo", "casa dos negros", "mundo negro", não faltam qualificativos para dizer que a solução para o sofrimento já existe, mesmo nos poemas mais políticos que clamam por uma revolução mágica. Vemos isso na música abaixo, que comemora o herói Zumbi, enquanto sonha com novos quilombos e os encontra no Ilê Aiyê:

> "Em cada história um rei/ Em cada luta um vencedor/ Eu vim falar dos Palmares/ Do rei Zumbi zambiapongo/ Travaram-se tantas lutas/ Cem anos passaram e nada mudou/ Fizeram tantas leis e até hoje/ Me julgam pela cor/ Clamo um pedaço de terra/ Vivo nas favelas durmo nas calçadas/ O negro vai erguendo pedras/ Construindo mansões e ganhando migalhas// Só meu Ilê Aiyê/ Me chama me chama me chama de lindo [bis]// E assim segue o negro e a marcha triste/ O remédio é união/ Quando isso acontecer um toque de magia/ Cairá do céu, as portas irão se abrir/ Zumbi sairá da terra com o poder de Deus/ Quilombo meu// Ó ó ó quilombo meu/ Incorpore em meu corpo esse espírito/ Que o chicote nunca venceu Quilombo meu"
>
> (Tote Gira, "Quilombo meu", 1989)

Quase todas as letras de samba desse gênero texto-mensagem dizem que ser negro de fato é "ser Ilê Aiyê". Os sonhos não estão em outra vida. Eles se realizam no ritual, durante os cinco dias de carnaval. É também o que expressa um compositor na mensagem de uma música apresentada no concurso de 1988:

> "Mensagem: Esse canto é para toda negritude que curte o Ylê (sic)/ Porque não basta ser negro,/ Tem que ter consciência, tem que ser Ylê Ayê [sic]"
>
> (Gerson Lourenço,
> "Seus temas refletem a simbolização", 1988)

— Africanismos

Os africanismos representam um quarto do *corpus* das canções que estudei. Elas são formadas por imagens ora fundadas em um continente africano distante, ora muito próximas de terreiros afro-brasileiros. Há também uma terceira forma que consiste em utilizar uma língua africana recorrendo a diversas fontes — religiosas, escolares ou imaginárias. Nesse segundo tipo de música, geralmente chamado de "samba didático", os sambas dedicados à descoberta de um país africano são por vezes muito simplificados, estereotipados e, às vezes, até caricaturais. As letras compõem pequenas cosmografias africanas, em parte imaginadas e em parte inspiradas em folhetos de apresentação do tema do desfile fornecidos pela direção da associação. Em apoio ao texto, algumas "línguas africanas" são às vezes simplesmente inventadas. No ano de celebração do Senegal, no carnaval de 1988, houve cerca de trinta composições de sambas-tema, entre as quais se encontram diversos sucessos do bloco. Naquele ano, uma atenção especial foi dada à preparação do tema, graças a uma viagem ao país em questão, depois à vinda de artistas e representantes diplomáticos do Senegal ao desfile do Ilê Aiyê. Uma das canções alcançou notoriedade graças principalmente ao seu refrão exaltando a "Mama África":

> "Ilê Aiyê Senegal Dakar/ Ilê Aiyê Senegal Aê Aê/ Antes Sanghana depois Senegal/ Ao 'Negro Nilo' tens que agradecer// Ilê Aiyê sobrepuja-se ao tempo/ Qual luz que desponta de um grotão/ Querendo exibir com fervoroso intento/ Poder, ascensão Senegal Região/ País situado a ocidente da África/ Ao norte Mali, leste Guiné-Bissau/ Foi colonizado por povos Franceses/ Que deram-lhe a língua oficial/ Hoje soberano e independente/ Ele fala uolofe língua nacional// Ilê Aiyê Senegal Dakar/ Ilê Aiyê Senegal Aê Aê/ Antes Sanghana depois Senegal/ Ao 'Negro Nilo' tens que agradecer// Limitado ao sul pelo imenso Atlântico/ Deste também por grande litoral/ Assim como Ilê em nossos corações/ Tekrour foi primeiro reino Senegal/ Possuidor de escravos os quais exportava/ Buscava conquistas por ser magistral// [refrão] E... Mama África/ Iê iê iê... Mama África/ Eu sou Ilê Aiyê"
>
> (Bobôco, "Mama África", 1988)

O africanismo que se expressa sob forma religiosa pode ser composto de simples alusões à "força", à "magia" e ao mistério do universo sagrado (o Orun, mundo das divindades do candomblé, frequentemente citado) que se encarna no Ilê Aiyê:

> "Eu que vi você nascer/ Crescer e ser Ilê Aiyê/ Hoje adulto eu sei você é coberto de axé/ Quando o Ilê passa/ Agita a massa com suas canções nagô/ E o estridente som do tambor do Ilê Aiyê"
>
> (Buziga, "Negra sinfonia", 1989)

A referência mais precisa ou as homenagens a certas divindades do panteão iorubá podem ser feitas na forma de alegorias que enaltecem, por exemplo, a beleza das negras e das africanas (as letras fazem referência a Oxum, orixá da beleza feminina), o poder (o samba mencionará "pai" Oxalá, divindade superior), a natureza (Oxossi, divindade caçadora), a maternidade ("mãe" Iemanjá) etc. A canção em homenagem à Mãe Preta, que já descrevi acima, ocupa, desse ponto de vista, um lugar à parte. Embora nunca tenha concorrido ao Festival de Sambas do bloco, ela é a mais frequentemente citada pelos membros do bloco entre seus sambas preferidos. Essa preferência está associada à imagem de uma certa sacralidade do seu grupo de pertencimento, o que outros sambas expressam fazendo menção à saída ritual do bloco no sábado de carnaval:

> "A África é o império/ De um sentimento profundo de cultura e magia/ Que durante vinte anos Ilê vem representando// [...] Solto pombos na saída/ Para ir à avenida/ É a nossa proteção/ É o nosso ritual..."
>
> (Tico e Paulo Natividade, "Ilê, ritos e mitos", 1994)

O momento de abertura do caminho e os primeiros passos do desfile são comentados e exaltados juntos nesses dois trechos de canção:

> "Ilê premissa força do amor/ Kilombo livre/ Negra nação/ Senzala sonora da vida/ Que sobe o Curuzu/ Cantando assim de mansinha// [refrão] Sou eu, sou eu, sou eu/ Culto afro Ilê Aiyê/ Sou eu, sou eu/ Culto afro Ilê Aiyê"
>
> (Guza e Nego Júlio, "Ilê premissa força do amor", 1994)

> "É sábado de carnaval/ Que tremendo zum-zum-zum/ Ele está se preparando/ Pra subir o Curuzu/ Quem não aguenta chora/ De tanta emoção/ Deus teve o imenso prazer/ de criar esta perfeição"
>
> (Adailton e Valter, "O charme da Liberdade", 1992)

O terceiro aspecto do africanismo das canções do Ilê Aiyê é o apelo às línguas africanas inserido nas descrições dos países africanos por meio de longas enumerações de nomes de cidades, rios, etnias e heróis. Ele tem como principal resultado, para autores e públicos muito distanciados da África real, um efeito de estranheza sonora, um exotismo do verbo, reproduzindo implicitamente um exotismo dominante de origem europeia. Por outro lado, algumas expressões africanas (em iorubá, principalmente) provenientes da linguagem sagrada afro-brasileira, conhecidas por quem frequenta habitualmente os terreiros e escuta suas cantigas, são depois retomadas e fetichizadas como marcadores étnicos, às vezes amplamente difundidos. Assim, a difusão popular e também comercial na Bahia da expressão iorubá "axé", que remete à força vital transmitida pelos orixás (fala-se em *Axé Music* para designar a componente baiana da *World Music*), deve muito à presença antiga do culto ao candomblé na sociedade baiana, mas também, mais recentemente, aos usos que o Ilê Aiyê em geral e, em particular, seus compositores de samba fizeram dela. Outras expressões também caíram no gosto popular e se espalharam pelas canções do Ilê Aiyê, reforçando seu aspecto africano: *agô* (fórmula de respeito), *agô babá* (a permissão, pai), *orun/aiyê* (mundo de divindades/mundo dos humanos) etc. Um exemplo disso pode ser observado em outra canção que, buscando repetir o sucesso do samba de 1979 em homenagem à Mãe Preta, versa sobre o mesmo tema, em 1988, na qual se mesclam termos em português brasileiro e em iorubá (grafado em itálico abaixo) tendo por base a sintaxe do português brasileiro:

> "*Agô* para que eu possa falar/ Dessa *Yalorixá*/ Que vive a nos ajudar/ Que vive a nos incentivar/ A *iyá dudú* [mãe preta] é firmeza na sociedade/ És cultura és carinho da comunidade, iê ê/ [refrão] *Témi orisa, témi baba ori* [meu orixá, meu pai de cabeça]/ Ó *alãfia* [Ó paz] e muito *axé*/ Pela consciência negra/ E pela negra mulher/ A *iyá* do Ilê é *olore-ofé* [A mãe do Ilê é uma pessoa graciosa]/ O seu sorriso contagia toda Bahia/ *Olóro nsoro* [Todo mundo está de festa] é carnaval/ Ó Mãe *Dudú* [Preta] você é fenomenal, iê ê/ [refrão]/ A *itapin* [separação] entre nós não deve haver/ A *irepo* [amizade] tem que permanecer/ Somos negros felizes/ Somos negros *lóye* [inteligentes]/ Um *axé* [força] bem forte para a *iyá* [mãe] do Ilê"
>
> (Carlinhos Maracanã, "*Iyá Dudú* do Ilê", 1988)

O forte desejo de africanizar o verbo pode levar a traduções literais (palavra por palavra) do português para o iorubá de mensagens ou narrativas de conteúdo muito banal, longe de qualquer dimensão sagrada, como no exemplo abaixo, uma descrição dos sentimentos amorosos que se apoderam do autor no momento da primeira saída ritual do Ilê Aiyê, no sábado:

> "*Oxupa dara leua* [A lua é agradável e linda]/ *Kehin osé afemo juma* [A madrugada do sábado] *Xi akté ni luó* [Tiro o chapéu para você] *Emi fé aya dudú* [Eu te amo, doce mulher negra]"
> (Caj Carlão, "Idoneidade", 1995)[54]

— Estética e sensualidade

Um terceiro gênero de letras de samba é formado por canções de conteúdo aparentemente mais leve, mas cujo texto é dedicado a celebrações da beleza negra, masculina e feminina, individual e coletiva, e a sentimentos associados a essa beleza. Um terço das canções tem, portanto, letras cujo conteúdo principal é de exaltação estética do "eu" ou do "nós" rituais. Eles se referem muito frequentemente, conforme o caso, tanto à dimensão racial e de status da identidade negra brasileira quanto à aparência africana dos negros do Ilê Aiyê, como no trecho abaixo:

> "Pela cor do pano/ Nota-se que eu sou africano/ Sou Ilê Aiyê"
> (Valter Farias e Adailton, "Mãe África", 1996)

As letras são imbuídas de certa sensualidade, até de uma sexualidade alusiva, podendo também ser marcadas por uma paixão pelo bloco erigida como tema. A composição poética pode reforçar a celebração principal, estética, com termos africanos ou com discursos raciais, como no exemplo da canção abaixo, classificada em primeiro lugar na categoria samba-poesia do festival de 1992:

> "Sou negro dotado/ Sou negro dotado do Ilê/ Sou negro dotado/ Sou do Curuzu venha me ver mãe/ O venha me ver sim mãe/ No Ilê Aiyê/ É que o mundo hoje está/ Evolucionado/ E o Ilê Aiyê mamãe/ Traz de volta o cenário negro/ Não sou negro disperso não/ Somos negros dotados Ilê/ Vem do Curuzu, Liberdade Aiyê/ Inva-

---

[54] A ortografia em iorubá e a retradução do iorubá para o português são do autor da canção.

dindo a cidade negra/ O negro simpatiza com a negra/ O negro é pura beleza/ Raça negra Ilê ó mamãe/ O negro simpatiza com a negra/ Negro é pura firmeza/ Raça negra Ilê Aiyê/ Pega na minha mão preta/ Vou mostrar suingue Ilê/ Vou mostrar a beleza Aiyê/ E as nossas danças/ Seu corpo tem gingado e balança/ Negra de trança/ Que me faz delirar/ Deusa de Ébano/ Seu corpo negro/ seu corpo negra/ Seu corpo negro no Ilê Aiyê"

(Amilton Negra Fulô e Genivaldo Evangelista, "Cenário negro na simpatia do Ilê", 1992)

Os elogios masculinos à graça feminina (dança, penteado, roupas, sorriso, africanidade), assim como à coragem e à espiritualidade da Mãe Preta, têm como contraponto autocelebrações da beleza masculina baseadas em traços como a força viril, a inteligência e a dignidade, além do exotismo africano. Mas isso não contradiz o fato de o modelo de beleza negra ser principalmente feminino. Ele permanece fundado, nas letras das canções pelo menos, na associação entre beleza, identidade racial e originalidade africana. Essa associação é, na grande maioria dos casos, apresentada com certa contenção e formalidade social, como na mais famosa das músicas em homenagem à beleza negra do Ilê Aiyê, *Deusa do Ébano*:

"Minha crioula/ Eu vou cantar para você/ Que está tão linda/ No meu bloco Ilê Aiyê/ Com suas tranças muita originalidade/ Pela avenida cheia de felicidade// [refrão] Minha Deusa do Ébano/ E Deusa do Ébano/ E Deusa do Ébano// Todos os valores/ De uma raça estão presentes/ Na estrutura deste bloco diferente/ Por isto eu canto pelas ruas da cidade/ Pra você minha crioula, minha cor, minhas verdades"

(Geraldo Lima, "Deusa do Ébano", 1979)

Com apenas duas exceções num *corpus* de 309 canções que estudei, todas as letras são mais ou menos autorreferenciais, o que significa que pelo menos uma vez o nome "Ilê Aiyê" aparece, sendo, portanto, a palavra que aparece com mais frequência. Além disso, certas expressões se tornaram metáforas do nome "Ilê Aiyê": "manto negro", "tapete negro", "o mais belo dos belos", "negros africanizados", "pátria negra" e, claro, "Liberdade Curuzu" (o bairro e a rua de origem).

Quando essas expressões aparecem num samba, logo se reconhece o Ilê Aiyê. Outras expressões famosas se tornaram sinais de reconhecimento e, por isso, são retomadas de um samba a outro: "Subindo a ladeira" (do Curuzu), "Me pegue" ou "Não me pegue", "Não me toque", "Que bloco é esse?" etc. Essa repetição de uma terminologia própria tem por finalidade uma espécie de autopromoção, formando uma linguagem codificada que cresce e se amplia de um samba a outro. A comemoração dos aniversários da criação do bloco (dez anos, vinte anos, a "maioridade", trinta anos, cinquenta anos) através das músicas aponta para a mesma direção, a de transformar o Ilê Aiyê num sujeito coletivo estável e autônomo em relação à realidade instável e incerta do mundo social. Por fim, coerentemente com o conjunto dessa construção retórica, o sujeito Ilê Aiyê acaba por receber diversas caracterizações sobrenaturais que o tornam ainda mais definitivo: "divino", "reencarnado", "mágico", "talismânico", "secreto" etc.

Uma utopia concreta

Ênfase recíproca, desdobramento de sentido, tais são as relações entre os diferentes elementos (dança, música, texto) que compõem o samba e sua identidade. Os tambores africanos e os passos sapateados pontuam o louvor cantado ao rio Senegal, ao ouro da Costa do Marfim, ao rei Shaka ou à Mãe África. O timbre leve do agogô e as danças compenetradas das senhoras do Ilê acompanham as letras em diversas línguas africanas ou os elogios às divindades Oxalá, Oxum ou Iemanjá. Por um instante — o instante ritual do desfile — tudo se mistura e produz sentido, e tudo contribui para formar um bloco e uma comunidade.

É preciso tudo isso para forjar, em meio à multidão do carnaval, a atmosfera particular do desfile do Ilê Aiyê, raro lugar de reinvenção do mundo, de criação e encenação, literalmente, de um novo mundo africano. Não se trata de uma inversão das relações sociais (como quer a tradição carnavalesca), nem mesmo de diálogo, no momento do carnaval, com o resto da sociedade representada ao seu redor. Esse lugar corresponde precisamente a um desses "espaços utópicos" de que fala o historiador da cultura Michel de Certeau. Tais espaços criam na expressão popular "um possível por definição miraculoso", observa De

Certeau.[55] Eu diria também que o espetáculo ritual do carnaval é por excelência um desses lugares miraculosos de passagem para um imaginário que, aos poucos, acaba se descolando do real. Ora, o carnaval do Ilê Aiyê é aquele dos moradores de centros urbanos com boas razões para querer reinventar o mundo. Bem ancorada na vida social, sua imaginação simbólica (ao mesmo tempo que expressa uma crítica das relações sociais) desenha os traços de uma África da Bahia, uma África ideal e, ao mesmo tempo, distante no tempo e no espaço, mas, ainda assim, acessível. É uma utopia concreta, isto é, efetivamente realizada durante o carnaval e contra a dura realidade, até mesmo distópica, da vida cotidiana. Ao longo das conversas que tive com os membros do Ilê Aiyê em suas casas, em diversas épocas do ano, fiquei impressionado ao ver como esse momento os marca emocionalmente, inclusive no que diz respeito à autoestima e às solidariedades que vão além do momento ritual. É como se uma comunidade imaginada pudesse existir, mais do que outras, porque conseguiu, em todos esses anos, fabricar seu próprio mundo, um mundo onde os negros da Bahia se tornam (ou voltam a ser) africanos. Para alguns e algumas, a possibilidade dessa África imaginada chega como uma reparação de um elo perdido com sua própria história.

Esse é, por exemplo, o caso de Noêmia, auxiliar de enfermagem, 40 anos, mãe de quatro filhos, "negona" (como ela mesma se define), casada com um técnico mecânico desempregado, e fiel integrante do Ilê Aiyê (que só frequenta com as contas dos seus orixás Oxalá, Iansã e Obaluaê). Ela nos contou:

> "O bisavô do meu pai era negro africano, o tio de meu pai era negro e tinha um terreiro de candomblé no Matatu de Brotas. Ele vestia uma roupa toda de saco.
>
> Ele tinha uma roça muito grande, na roça tinha uma fonte, dentro da fonte tinha um bambu. Ele falava de dentro desse bambu direto para a África. Eu nunca vi ele falando porque eu era criança e ele não deixava criança se aproximar."

---

[55] Michel de Certeau, *L'invention du quotidien: 1. Arts de faire* [1980], Paris, Gallimard, 1990, p. 32 [ed. brasileira: *A invenção do cotidiano: 1. Artes do fazer*, São Paulo, Vozes, 2014].

5.

POLÍTICA: CULTURA E RAÇA DA "ELITE NEGRA"

Para compreender a dimensão política do movimento cultural afro contemporâneo, é preciso voltar ao período que viu nascer e crescer o Ilê Aiyê, e que se insere numa história mais ampla. Nos anos 1970, um ativismo negro inédito surge no âmbito de grupos culturais engajados na denúncia do racismo e da discriminação racial. O então já antigo Teatro Experimental do Negro (TEM), o Instituto de Pesquisa das Culturas Negras (IPCN) no Rio de Janeiro, o Centro de Cultura e Arte Negra (CECAN) em São Paulo, o Grupo Palmares no Rio Grande do Sul, alguns grupos de teatro e, por fim, os blocos carnavalescos afro e afoxés da Bahia darão origem a diversas formas de movimentos negros e, principalmente, em 1978, ao "Movimento Negro Unificado" (MNU). No lugar dos antigos discursos de integração e assimilação das décadas anteriores,[56] uma posição de enfrentamento começa a se desenvolver, na qual predominam denúncias e ações coletivas contra a discriminação social dos negros e contra as violências policiais cometidas contra os negros.

Outros movimentos surgem, em seguida, nos anos 1990. Suas orientações e ações políticas visam a delimitar uma territorialidade negra na sociedade brasileira: demarcação simbólica de espaços urbanos (praças, ruas, bairros redefinidos como negros ou comunidades quilombolas); apropriação ou controle fundiário de terrenos urbanos — registrando principalmente os terreiros de candomblé em nome de coletivos de defesa e não mais em nome de famílias privadas; identificação e reivindicação de terrenos rurais, sobretudo de terras coletivas das comu-

---

[56] Sobre as décadas anteriores e, principalmente, sobre o lugar da Frente Negra, ver Florestan Fernandes, *A integração do negro na sociedade de classes*, *op. cit.*; George Reid Andrews, "O protesto negro em São Paulo: 1888-1988", *Estudos Afro-Asiáticos*, Rio de Janeiro, nº 21, 1991, pp. 27-48.

nidades quilombolas. Além das territorialidades, as estratégias e as alianças privilegiam a dimensão cultural e histórica e reivindicam de forma cada vez mais nítida um sistema de identidade autônoma. Isso é particularmente visível em Salvador, onde o mundo cultural tradicionalmente caracterizado como "afro-brasileiro" (candomblé, capoeira, afoxés) é permeado por redes e interpretações de caráter etnopolítico "negro" e "afro". Por exemplo, o ambiente do candomblé é propício à formação de comitês de defesa, à presença de militantes políticos negros da sociedade civil nos terreiros ou em sua liderança. Mas o movimento é recíproco e podemos dizer, inversamente, que se trata também de uma espiritualização da prática militante negra. Desde os anos 2000, a "matriz africana" se tornou o bem comum de todos esses movimentos, é o que os une para além de sua diversidade. E é também a marca que a sociedade, em seu conjunto, reconhece neles.

A pluralidade do mundo afro: análise de um sistema cultural

A história do Ilê Aiyê se expande junto à do mundo afro que se formou na Bahia dos anos 1970 até hoje. Dezenas de blocos afro provêm direta ou indiretamente de segmentações do Ilê Aiyê, em razão de rupturas conflituais sucessivas ou do apadrinhamento de membros mais antigos do Ilê. Esses blocos afro compõem, desde os anos 1990, um conjunto relativamente estável de cerca de quarenta agremiações que reúnem pelo menos 30 mil participantes. Eles constituem contextos de sociabilidade diferenciados e reconhecíveis no espaço urbano, onde um sentimento de cumplicidade, compartilhamento e identidade é constantemente nutrido: são as quadras dos ensaios, as praças e os bares onde acontecem encontros ou reuniões, os diversos cortejos e outras festas afro. Nesses espaços de sociabilidade urbana, inverte-se o cenário social habitual, marcado pela inferiorização ou pela marginalização da população negra. Na condição de espaços de autovalorização, "negrófilos", para usar a expressão do antropólogo Livio Sansone,[57] os grupos culturais afro são também propícios a críticas, reivindicações e pro-

[57] Livio Sansone, *Negritude sem etnicidade: o local e o global nas relações raciais e na produção cultural negra no Brasil*, Salvador/Rio, Edufba/Pallas, 2003.

posições políticas, assim como à formação de líderes e de discursos elaborados do ponto de vista de uma comunidade negra que passa a existir concretamente nesses locais. Essa comunidade encontra, nessas formas associativas urbanas, nas festas e nos encontros, uma série de oportunidades para se manifestar principalmente de forma artística ou festiva. Mas esse fato me parece ser da ordem do político, no sentido de marcar uma presença identificada como "negra" no espaço urbano contemporâneo. A "cara preta da Bahia", segundo um slogan promovido pelo carnaval do Ilê Aiyê desde meados dos anos 1990, tem aí um lugar preponderante.

Olhando para o conjunto em sua lógica interna e no intuito de propor uma análise do ponto de vista de suas próprias relações, pude observar uma diferença bastante nítida de posicionamento social e de criação cultural no âmbito do "mundo afro". Assim, dentre todos os blocos de carnaval existentes, identifiquei três, em particular, suficientemente distintos entre si para encarnar diferentes estilos afro: são eles, além do Ilê Aiyê, o Olodum (criado por ex-membros do Ilê Aiyê, e que apareceu pela primeira vez no carnaval de 1980) e o Muzenza (fundado por ex-membros do Olodum no dia seguinte ao carnaval de 1981). Hoje tenho a impressão de que esse retrato, ainda que pareça um pouco desgastado aos olhos de leitoras e leitores mais jovens, não mudou fundamentalmente, ao menos do ponto de vista de sua estrutura interna social e simbólica.

O Ilê Aiyê era considerado o bloco dos negros bem integrados socialmente, até mesmo como a "elite negra". Eu discutirei adiante essa definição, mas, em todo caso, é essa a imagem que ele tinha e ainda tem. Ele também é conhecido por uma referência à "matriz africana" bastante elaborada e "tradicional", além de ser explicitamente fechado aos brancos. Progressivamente, o bloco construiu uma imagem mais ideológica e política do que os outros, exaltando a beleza e o orgulho dos negros, criando diversos heróis e figuras rituais africanas, desenvolvendo muito cedo uma pedagogia de valorização dos negros e afrodescendentes, como expus anteriormente.

O outro grupo é o Muzenza. O termo "muzenza" vem da área linguística bantu e designa o/a iniciado/a no candomblé de nação Angola. Seus próprios membros declaravam que Muzenza era um bloco afro voltado para os jovens negros "marginais", desempregados, "drogados" etc. Caracterizado pela violência de seus ensaios e saídas no carnaval, ele também era conhecido pela veneração de seus membros por Bob Marley e pelo rastafarianismo.

Por fim, o Olodum é um bloco que, logo no início, teve uma reputação que ultrapassou as fronteiras locais. O termo "Olodum" vem de Olorum que, em iorubá, designa o deus supremo. Instalado no bairro ao mesmo tempo histórico, pobre e turístico do Pelourinho, ele é eclético tanto em suas inspirações como em sua composição social e, de certa forma, racial. Mensageiro mais conhecido da *Axé Music* fora da Bahia e do Brasil, ele pretende ser moderno e aberto em termos de ritmos e instrumentos, e disposto a uma ampla comercialização de suas competências artísticas. No âmbito do bloco, criou-se um discurso fundado na valorização das heranças culturais africanas e na superação das diferenças raciais.

Podemos reconhecer nesse conjunto três paradigmas culturais. O primeiro representa o centro e a referência africanista considerada mais "tradicional" e mais pura; o segundo é situado à margem do primeiro, um tanto desviante por conter diversas "impurezas"; o terceiro, enfim, define a fronteira desse conjunto em relação ao "mundo branco", sofrendo as consequências dessa posição-limite. Esses três modelos não se restringem às imagens identitárias dos grupos carnavalescos afro. Eles nos ajudam a descrever uma nova organização do universo cultural afro de modo geral. É interessante observar na realidade desse conjunto uma série de posições homólogas entre os grupos afro de carnaval, os da capoeira e os cultos afro-brasileiros, todos similarmente estruturados pelos princípios da centralidade, da marginalidade e da fronteira.

Assim, no que diz respeito à religião, a centralidade é ocupada pelo culto iorubá ou nagô, tido como referência da tradição e tomado como parâmetro para os outros cultos (candomblé de Angola e umbanda). Aliás, a escolha do nome "Ilê Aiyê" (que ocupa um lugar central no carnaval afro) vem também dessa evidência de superioridade imaginada do culto iorubá em detrimento de todos os outros. No candomblé de Angola, recebe-se mais frequentemente os caboclos, divindades de acesso direto (sem mediação de um sacerdote ou uma sacerdotisa) e de transes menos controlados, sem iniciação. Ele é considerado menos "puro" do que o primeiro e um tanto desviante. A umbanda, por sua vez, é o resultado de uma mistura entre diversas referências espirituais de origem europeia e o candomblé. Foi também por meio da umbanda

No alto, a bateria do bloco Olodum.

Acima, o desfile da Timbalada.

que as populações brancas começaram a participar, historicamente, dos cultos afro-brasileiros. Temos, portanto, e concomitantemente, os três paradigmas simbólicos: do centro, da margem e da fronteira.

Encontramos o mesmo agenciamento nas práticas e representações das escolas de capoeira. Por um lado, uma forma "pura" é explicitamente defendida por um pequeno número de escolas que possuem a denominação "capoeira de Angola" e cujos membros são geralmente próximos dos movimentos políticos e carnavalescos negros. O aprendizado acontece então no âmbito de uma iniciação severa dada por um mestre a seus discípulos. Por outro lado, uma capoeira "de rua" (praticada efetivamente na rua, diferentemente da capoeira de Angola e da capoeira regional) se formou entre crianças e adolescentes de rua que aprenderam a arte sem professor, jogando na rua por prazer, antes de mais nada, e depois montando espetáculos que seriam apreciados e recompensados pelos turistas. Por fim, uma forma alterada da capoeira de Angola vem se desenvolvendo desde os anos 1930: denominada capoeira "regional", ela foi introduzida nos anos 1970 nas academias de ginástica e de artes marciais, cada vez mais frequentada pela classe média e superior branca e parda, e cada vez mais exportada para os Estados Unidos e Europa.[58]

Assim, pareceu-me pertinente salientar a proximidade desses três registros que encarnam a centralidade/pureza africana (carnaval do Ilê Aiyê — candomblé iorubá — capoeira de Angola), a marginalidade (carnaval do Muzenza — candomblé de Angola — capoeira de rua) e a fronteira (carnaval do Olodum — umbanda — capoeira regional). Esse esquema de leitura é formal e estrutural, ele não discute substancialmente as diferentes práticas nas áreas em questão e, sobretudo, não julga se uma é mais ou menos detentora de verdade do que as outras.

Embora ausente da descrição acima, o afoxé Filhos de Gandhi não é um componente menos importante da "matriz africana" da Bahia e merece um comentário à parte. Sua presença tem início nos anos 1940 e não no novo carnaval baiano que se definiu no período situado entre metade dos anos 1970 (criação do Ilê Aiyê) e os dias de hoje (reconhecimento e diversos apoios oficiais ao mundo afro, à música axé, ao

[58] Ver as pesquisas de Rosangela Costa Araújo (Mestra Janja), sobretudo "Profissões étnicas: a profissionalização da capoeira em Salvador", *Bahia: Análise & Dados*, Salvador, SEI, vol. 3, nº 4, 1994.

afrobusiness etc.). O Ilê Aiyê modernizou um papel até então pertencente aos Filhos de Gandhi, como se pode ver pela proximidade similar com o candomblé e pela ancoragem de ambos os blocos nos ambientes sociais modernos e bem integrados de trabalho — os trabalhadores do porto nos anos 1940, os do desenvolvimento industrial nos anos 1970-1980. De um grupo a outro, o fato de ser mais político do que outros blocos e afoxés também se mantém, o que mudou, porém, foi o próprio discurso político. Na verdade, os temas do Filhos de Gandhi dos anos 1940 eram muitos próximos da Frente Negra, que representava o discurso negro dominante na época, a favor da integração social e nacional dos negros. E os temas do Ilê Aiyê atual se apoiam em um discurso completamente outro, mas que também é o discurso negro predominante em sua época, isto é, o da explicitação das desigualdades raciais, do confronto e da diferenciação cultural em relação a outros componentes (raciais ou étnicos) da sociedade. Aliás, muitos representantes ou intelectuais ligados ao Movimento Negro político são ou foram membros da diretoria do Ilê Aiyê e desempenharam ali um papel de destaque, como foi o caso de Jônatas Conceição da Silva (1952-2009) e ainda é o caso de Arani Santana das Neves.

Há, portanto, do Filhos de Gandhi ao Ilê Aiyê, uma continuidade e uma modernização, assim como uma série de inovações em relação aos temas, heróis, figuras rituais e à apresentação de si. A relação atual entre os dois grupos é marcada tanto pelo respeito do mais recente pelo mais antigo, como por uma competição discreta para atrair uma clientela muito similar no plano sociológico, e até bastante próxima na vida cotidiana (mesmos bairros, mesmas famílias etc.). Mostrei, anteriormente, que há na história do bairro da Liberdade uma presença marcante do trabalho portuário no interior das famílias. Também observei que atualmente pode haver uma separação de famílias durante o carnaval, o homem sai no Filhos de Gandhi (exclusivamente masculino) e sua esposa, sua irmã ou sua filha vão ao carnaval no Ilê Aiyê. Essa proximidade também aparece nas preferências dos membros do Ilê Aiyê no que diz respeito aos outros grupos de carnaval. Alguns membros do Ilê Aiyê, quase metade do bloco, participaram de outros grupos carnavalescos antes de se tornarem membros do Ilê, e, às vezes (raramente), continuam participando, em alternância com o Ilê. Entre os grupos mais frequentados antes ou em alternância com o Ilê Aiyê estão o afoxé Filhos de Gandhi, que chega no topo (12,7%), seguido de muito longe por um dos principais blocos de índios, o Apaches de Tororó (7,1%), depois de um outro afoxé, o Badauê, criado após o Ilê Aiyê (em 1979), com 6%. Finalmente, o Olodum e o Muzenza, aqui já citados, agrupam, cada um, pouco menos de 5% das segundas opções dos membros do Ilê. Ao ressituar esses dados no âmbito das diferenciações sociorrituais apresentadas acima, observo que existe de fato uma divisão social dos grupos no carnaval afro. Isso pode ser observado pela concorrência que, em termos de atração de clientela real, é bastante fraca entre o Ilê Aiyê e seus contemporâneos Olodum e Muzenza, cada um se dirigindo a segmentos sociais diferentes e apresentando criações culturais igualmente bem diferenciadas — embora, por outro lado, exista uma competição ferrenha em outros aspectos, como na disputa pelo acesso às mídias, ao turismo lucrativo, aos patrocinadores públicos e privados etc. É o afoxé Filhos de Gandhi que aparece como o mais próximo e, de certa forma, o concorrente mais direto do Ilê Aiyê.

Por meio dessa análise, busquei relacionar e comparar posições relativas e representações recíprocas a fim de descrever e compreender a emergência de um sistema cultural que pode definir, da melhor forma possível, o que seria hoje a África da Bahia e o lugar particular que o Ilê Aiyê ocupa nela. A distinção sociorritual que propus parece corresponder ao que se percebe efetivamente nas práticas artísticas, nos discursos e nas relações dos atores de diferentes setores do mundo afro na atualidade. Esse mundo apresenta, assim, uma pluralidade de imagens de si, oferecendo a cada pessoa envolvida diversas possibilidades de "sentir-se" ou "tornar-se" negra/negro conforme a posição social e as socializações anteriores.[59]

A verdade ilusória da "elite negra"

Conforme já ressaltei, o lugar social ocupado pelo Ilê Aiyê no sistema cultural e de imagens identitárias do mundo afro na Bahia é o de uma associação de "trabalhadores equilibrados" ou, segundo uma de-

---

[59] Sobre o processo de "tornar-se negro" no contexto dos blocos afro da Bahia, ver Patricia de Santana Pinho, *Reinvenções da África na Bahia* (São Paulo, Annablume, 2004). Abordarei adiante a relação entre as duas dinâmicas: "tornar-se africano" e "tornar-se negro".

signação recorrente nas mídias e entre certos intelectuais que frequentam o carnaval, de um "lazer de classe média" e, mais ainda, de uma "elite negra". O comportamento de seus membros — nem todos muito jovens — é com frequência qualificado como de "bloco careta" e, às vezes, "negro boçal". Observei que esses qualificativos (ambivalentes, já que elogiosos e depreciativos na mesma medida) se aplicam às vezes ao "negro da Liberdade", segundo uma fórmula identitária que representa um tipo comportamental de negro que não é necessariamente rico, mas que, no coração de um bairro relativamente pobre, tem jeito de rico. A questão a ser resolvida é, portanto, a da imagem associada globalmente ao Ilê Aiyê. Como se formou esse status ao mesmo tempo social (elite) e racial (negra) em seus termos? Defenderei aqui que, embora inexato enquanto condição socioeconômica, esse status emana da própria performance cultural, como uma imagem de si engendrada por todo um trabalho criativo no qual os membros do bloco se engajam plenamente.

No plano social, primeiramente, um traço comum à maioria dos membros do Ilê Aiyê é a real inserção socioprofissional em diferentes setores do trabalho urbano nos quais as categorias profissionais de forte prestígio são bastante minoritárias. A grande maioria dos participantes do espetáculo ritual da "elite negra" é composta por trabalhadores de pequenas empresas de serviço, de construção e oficinas mecânicas, de empregados de menor escalão em escritórios e no comércio, por diaristas, auxiliares de enfermagem, vendedoras de acarajé etc. Ao retomar aqui as posições dos membros do Ilê Aiyê no mercado de trabalho, já descritas anteriormente (capítulo 3), ressalto que as pessoas na ativa se dividem em 26% de trabalhadores "autônomos", 30% de funcionários públicos e 44% de empregados do setor privado. É possível observar, principalmente, que a maioria desses empregos, assalariados ou não, possui um caráter subalterno — auxiliar de enfermagem nos hospitais públicos ou auxiliar de armazenamento nas petroquímicas, por exemplo — e que os tipos de emprego são frequentemente desvalorizados (comércio de rua, construção, ensino público primário etc.). Comparadas às ideologias da modernidade e da ascensão social que marcaram a virada dos anos 1970 e 1980 na Bahia, os percursos dos membros do Ilê Aiyê eram então, em sua grande maioria, histórias ao mesmo tempo de inserção e frustração. Embora existam em média menos membros do bloco do que negros em geral entre as camadas mais pobres, eles também são pior representados entre aqueles que, para retomar a terminologia usual relativa ao status, compõem efetivamente a elite negra (menos de 2% de "proprietários, executivos ou técnicos de nível superior"). Os três quartos dos membros do Ilê Aiyê que possuem um emprego apresentam situações medianas, relativamente precárias e inferiores, embora ofereçam possibilidades de integração, de ascensão relativa e, sobretudo, de expectativas de realização e uma promessa de ascensão social. Finalmente, deve-se também levar em conta que 22% do total dos membros do Ilê não possuem atividade remunerada declarada (eles e elas são registrados como "estudantes", "desempregados", "aposentados" ou "donas de casa").

Já que a imagem da elite negra não é o reflexo exato da situação socioeconômica real dos membros do Ilê Aiyê, é preciso voltar ao próprio espaço ritual onde essa imagem foi criada. É ali que a harmonia, a elegância e a busca estética são mais visíveis, impondo respeito e uma certa distância. O que, há cinquenta anos, o jornal havia designado agressivamente como "um espetáculo da luta de raças" acabou se tornando uma performance pública bem-sucedida e admirada.

Nessa performance, escolhas foram feitas, com base numa herança existente para alguns, ou a partir de informações recolhidas na África global para outros. Trabalhando para marcar uma distância, a inspiração ritual vem, de maneira consciente ou espontaneamente, das figuras míticas conhecidas e respeitadas, eventualmente temidas, no conjunto da sociedade baiana, estrutura concreta dessa criação. Dito de outro modo, foram escolhidas figuras cuja leitura simbólica em termos de poder, respeito e distância pode ser compreendida por todos. Por exemplo, na sequência ritual de abertura do desfile do Ilê Aiyê, diversos elementos falam diretamente de poder mágico (pembas, banhos de folhas e tudo o que evoca os poderes de purificação e proteção). O mesmo ritual coloca em cena três divindades bastante conhecidas do candomblé, Exu, Oxalá e Omolu. Exu, presente de maneira importante, foi por muito tempo associado (e às vezes ainda é) na sociedade global à figura do "diabo", ele é uma marca de estranheza e/ou de admiração e suscita temor e distanciamento daqueles que não participam do culto ao candomblé. Oxalá é o mais celebrado e o mais consensual dos orixás, associado ao Cristo-Rei do cristianismo popular. Figura pacífica, ele representa o candomblé apresentável, respeitado por todos, tanto por dentro como por fora, e todo mundo reconhece nele sabedoria e poder. Por fim, Omolu garante a autenticidade da referência ao candomblé no Ilê Aiyê, uma vez que ele é o santo da casa: o africanismo é legitimado pela proximidade. O presidente do bloco, que cresceu numa casa em que parte era um terreiro, pode então declarar para qualquer concorrente próximo: "Eu não precisei pensar para ser negro".

Inversamente, há ausências igualmente interessantes. Não encontramos, na performance do Ilê Aiyê, encenação de caboclo, de preto velho ou de outras figuras mais periféricas ou marginais do mundo afro, e menos valorizadas no conjunto da sociedade. O africanismo aparece aqui bem "pensado". Tomada de consciência, ascensão social, orgulho, respeito pelas Mães Pretas e pelas Deusas do Ébano são bem presentes e afirmados nas letras de samba descritas anteriormente, bem como no espetáculo ritual. A partir das escolhas que operam em sua performance pública, vemos que a cultura produzida pelo Ilê Aiyê é perpassada por tensões identitárias, bem como de classe, raça e gênero.

As palavras e os corpos também participam dessa cultura da imagem identitária. Socialmente associados a posições subalternas, os negros são frequentemente tratados de modo paternalista, sendo objetos de apelidos e comportamentos ambíguos. Se o racismo está longe de poder ser reduzido a uma simples herança do escravismo, não se pode desconsiderar que esse período da história brasileira forneceu uma vasta terminologia, principalmente de origem racial, para qualificar as relações interpessoais, no âmbito da qual os estereótipos negativos são repletos de ambiguidade. Ainda hoje, por exemplo, "nego" se tornou um termo comum predominantemente pejorativo que significa "qualquer um", mas que pode, na intimidade, ser usado como marca de afeto. O termo "negrinha" é pejorativo e designa uma mulher de má reputação, mas "nega" ou "neguinha" podem também ser usados como marca de afeto, qualquer que seja a cor da pele da pessoa em questão. Os comportamentos ostensivamente cordiais servem tradicionalmente para tornar aceitáveis as relações de dominação. As maneiras de ser do "homem cordial", definidas pelo historiador Sérgio Buarque de Holanda como "a disciplina da simpatia",[60] colocam os outros (e particularmente os inferiores) "em seu lugar", através de uma vasta gama de demonstrações gestuais e verbais de proximidade e familiaridade associa-

---

[60] Sérgio Buarque de Holanda, *Raízes do Brasil* [1936], Rio de Janeiro, José Olympio, 1987, p. 143.

das à dominação. Diante do peso de tais hábitos sociais, a consciência negra enfatizada pelo Ilê Aiyê passa pela referência insistente a termos que rejeitam toda e qualquer ambiguidade: negro/negra, negão, cor preta, azeviche. Da mesma forma, uma postura corporal de distanciamento caracteriza, de modo geral, os membros e, ainda mais visivelmente, os artistas e responsáveis pelo Ilê Aiyê. É ao mesmo tempo uma questão individual e uma das atitudes políticas e estéticas mais elaboradas e eficazes da associação. Esse distanciamento em relação aos outros passa antes por uma distância física, isto é, uma postura corporal altiva e de recuo. Sem nunca recusar o diálogo com quem quer que seja, os membros do Ilê Aiyê têm uma atitude que, em princípio, consiste em estabelecer uma boa distância física com seus interlocutores. Eles se valem de modos sociais corretivos — às vezes excessivos, a ponto de lembrar uma frieza protestante, às vezes desajeitados, a ponto de parecer vaidade. Em seus desfiles de carnaval, o Ilê Aiyê se distingue pela aparência altiva de seus participantes, das mulheres em particular. No desfile, um verdadeiro código de correção é aplicado, como parte da elaboração coletiva de uma estética negra na qual essa associação carnavalesca se especializou.

Totalmente orientado para a afirmação de uma aparência de negros respeitáveis, com uma estética cuidadosamente africanizada, organizada e não violenta, o desfile do Ilê Aiyê cria assim o orgulho de ser negro, de acordo com um slogan repetido desde os anos 1980 até hoje. O conteúdo do rito enfatiza marcas de distanciamento social em torno de ideias recorrentes de poder e de status, cujos princípios e heróis podem ser encontrados na história brasileira, no culto afro-brasileiro e numa África distante. A história dessa África distante é frequentemente reescrita para afirmar sem ambiguidade um mundo fantástico das origens, povoado por reis e rainhas capazes de encarnar e proteger uma África soberana. O carnaval africanizado da Bahia oferece, assim, aos negros, a possibilidade do que chamo de "retificação de status",[61] isto é, uma correção ascendente de sua posição estrutural na sociedade. É na encenação do desfile e no conjunto de ritos que o precedem por meses que os membros do Ilê Aiyê se produzem como uma elite negra.[62]

---

[61] No original, *redressement statutaire*. (N. da E.)

[62] Essa análise em termos de "retificação de status" no espaço ritual se inspira e

Essa ação de "retificação" representa menos uma "inversão" do que uma distorção do real, alcançando posições sociais que não são completamente estáveis. *A priori*, esse sentido social do Ilê Aiyê diz respeito apenas ao destino daquelas e daqueles que se encontram em trajetórias de ascensão, de competição ou de frustração sociais. Isto é, por exemplo, os primeiros fundadores e os membros atuais que trabalham em situação socioeconômica relativamente integrada, mas é preciso lembrar que eles são poucos no âmbito da associação. Na verdade, parece-me que, por efeito induzido, essa retificação de status beneficia todos os outros participantes — mulheres donas de casa ou que trabalham no comércio informal, ambulantes, operários, empregados subalternos, jovens desempregados etc. — que se encontram nesse mesmo espaço "africano" de supervalorização social. Por exemplo, a categoria sociorritual das senhoras do Ilê coloca em cena a dignidade imponente de mães respeitadas, embora vivam, em sua grande maioria, um cotidiano de precariedade. Alvos e atrizes do ritual, essas senhoras se transformam no contexto do Ilê Aiyê, durante o carnaval propriamente dito, mas também fora dele. A ritualização valorizadora de sua identidade geralmente continua em suas próprias casas, no uso dos tecidos do bloco para decoração dos interiores, na exposição de fotos das festas em que aparecem vestidas de Ilê ou no uso do turbante do Ilê nos espaços de trabalho. De modo geral, os vínculos apaixonados e duráveis com a associação, todos os afetos em jogo, devem ser compreendidos à luz dessa função ritual de retificação de status, embora não se reduzam a isso. Apegar-se emocionalmente ao bloco é incorporá-lo bastante, e assim tornar realmente pessoal a identidade coletiva que ele encena. Ultrapassando o âmbito do carnaval, ser membro do Ilê Aiyê é motivo de orgulho.

Mais do que um "retorno à etnia" que olha para trás com nostalgia, a experiência do Ilê Aiyê aparece nesse contexto como uma modalidade de posicionamento social diante de desafios muitos contemporâneos. E a África recriada nesse mundo afro não é o resultado da preservação de um passado africano puro. Esse passado, em grande parte, se perdeu, e o que sobrou foi totalmente transformado no Brasil ao longo das gerações. Essa África é daqui e é de agora. Trata-se de um

---

discute a ideia do "poder ritual dos fracos", mencionada por Victor Turner, *O processo ritual*, *op. cit.*

trabalho de composição cultural a partir de fontes legadas por uma história compartilhada, mais ou menos apreensível para cada um, e por um trabalho de criação contemporâneo. Os artistas e participantes do Ilê Aiyê estão inseridos nos espaços de trabalho e de comunicação da modernidade urbana e se questionam a respeito da integração, do reconhecimento e dos vínculos sociais, bem como sobre o sentido a ser dado às suas origens. O que suscita as reinvenções africanas de hoje é a necessidade, para os negros da Bahia, de serem eles próprios os responsáveis por sua promoção social e ideológica: a África que está em questão não depende de um vínculo direto com a África ancestral ou com a África-território, ela está bem ancorada na Bahia, é uma resposta cultural a uma realidade social marcada por um racismo antigo, estrutural e ideológico. Desde o primeiro slogan, "Ilê Aiyê — São os africanos na Bahia", até a conquista de uma posição central na fábrica coletiva e o reconhecimento por parte de todos do mundo afro da Bahia, essa África contribui para inspirar respeito e produzir o espetáculo da elite negra. Eu diria que ela é o seu componente "exótico", se atribuirmos a esse termo seu sentido primeiro, segundo o qual o exotismo é uma estética da distância. Ou uma "transformação em beleza do espetáculo da distância imaginária", como escrevia no início do século XX Victor Segalen[63] — poeta e viajante a quem, um século depois, esta estrofe de um dos sambas do Ilê Aiyê parece responder literalmente: "Eu sou um negro exótico".

Política da raça e identidades de cor

A decisão do Ilê Aiyê de impedir que os brancos participem de seu desfile suscitou discussões desde o primeiro dia e, apesar do reconhecimento geral e principalmente midiático da "beleza" e da "pureza" do espetáculo do bloco — ou talvez por causa desse sucesso —, o assunto sempre volta *à baila* de modo polêmico. Em 1996, a direção do bloco tentou responder à pressão criando um bloco alternativo, "Eu também sou Ilê", que sai no carnaval com pessoas brancas que não podem integrar o bloco principal. A experiência foi repetida diversas vezes, mas

---

[63] Victor Segalen, *Essai sur l'exotisme* [1908-1918], Montpellier, Fata Morgana, 1978, p. 84.

a cada vez causava novas polêmicas. No ano 2000, houve alguns incidentes durante o desfile do Ilê Aiyê, pois pessoas brancas haviam entrado no bloco com trajes do Ilê comprados de pessoas negras efetivamente inscritas no bloco. Para Vovô, o presidente do bloco, essa "infiltração" era "uma falta de respeito [...], pessoas que não são negras [...], mandaram os funcionários, mandaram amigos mesmos, virem comprar a roupa, e fica isso. Se os negros fizerem isso no bloco de trio, é barrado!".[64] Se naquele ano as pessoas puderam permanecer no desfile onde entraram de forma indireta, nos anos seguintes, graças a um controle mais rígido no momento do desfile, o bloco evitou que isso acontecesse. Anos depois, a questão do bloco alternativo voltou, precisamente em 2009, mas não se concretizou. O que não impediu rumores a respeito de uma renúncia do Ilê Aiyê ao seu exclusivismo racial até 2023. Seria uma maneira de repensar essa postura, fundadora para o bloco, mas bastante incômoda para muitas pessoas: "Embora seja muito cedo para constatar uma mudança revolucionária na agremiação", ressaltava Niyi Afolabi em 2020, "há rumores de que a entidade, em algum momento, não terá alternativa senão aceitar participantes brancos".[65]

Quanto a mim, embora não possa prever o futuro, acho significativa a permanência desses rumores que têm como resultado imediato um reforço do tema mais propriamente político do Ilê Aiyê e do fundamento de sua existência. Sempre me pareceu, como disse desde as primeiras páginas deste livro, que havia uma coerência lógica entre a ausência de mistura racial, a dimensão estética e a estratégia identitária da "política" do Ilê Aiyê. O argumento naturalista que alguns membros do bloco às vezes professam — segundo o qual a cor da pele negra garante a relação praticamente "genética" com as tradições culturais africanas e, portanto, seu respeito — me parece bem menos significativo do que a razão de status. Esse exclusivismo racial permitiu o distanciamento ritual em relação à parte branca da sociedade, uma vez que a presença dessa parte branca torna mais difícil, até impossível, a valorização dos negros no cotidiano. No âmbito ritual, é possível criar acontecimentos que diferem dos da vida social cotidiana. Aqueles que, em Salvador em particular, lamentam ou protestam contra o fato de os

---

[64] Ver Patrícia Pinho, *Reinvenções da África na Bahia*, *op. cit.*, p. 167.

[65] Niyi Afolabi, *Carnaval e política*, *op. cit.*, p. 110.

brancos não desfilarem no bloco do Ilê Aiyê, não compreendem o princípio da eficácia simbólica, isto é, os efeitos sociais inigualáveis que pode ter um rito no qual papéis e práticas são desempenhados, enquanto na vida cotidiana isso não é possível. Para retomar os termos do artigo panfletário do jornal local de 1975, o que o carnaval do Ilê Aiyê pratica não é a luta de raças, mas sim o "*espetáculo* da luta de raças". A elevação de status exitosa do Ilê Aiyê simplesmente não seria mais possível se o rito reproduzisse exatamente a sociedade e suas desigualdades raciais. A condição de êxito de uma experiência que é, de fato, essencialmente ritual, é a possibilidade de definir, com toda a liberdade carnavalesca, seu cenário e seus atores e, a partir disso, seu imaginário e seu "mundo". Nesse cenário, analisei o afastamento dos brancos como uma distorção ou uma transformação ritual da realidade. Não se trata nem de uma reprodução nem de uma simples inversão simétrica das relações raciais reais, mas da possibilidade de criação de outro mundo, chamado África, como uma utopia concreta permitida pelo rito. "Ah se não fosse o Ilê Aiyê", dizem e repetem os temas do desfile do Ilê Aiyê de 2016 a 2024, e a isso o antropólogo e estrangeiro que sou acrescenta: "Ah, se não fosse o carnaval!".

Fundado na capacidade de recriar, a cada ano, o rito da "África na Bahia" e atrair para ele milhares de pessoas negras, o projeto explicitamente reivindicado pelo Ilê Aiyê é aquele, pedagógico e político, de promover a "consciência negra". A partir de uma valorização das origens e da cultura africana sob diversos aspectos, seu programa de educação popular, criado em 1995 e financiado desde então, visa a "permear a transmissão do passado da ancestralidade africana com o contexto histórico-social do negro em condição de escravo no Brasil, com o cotidiano presente do negro baiano, além de trabalhar o caráter universal da questão negra".[66] Oficinas de dança, percussão e confecção, ensino primário para crianças e formações para adultos, entre outras atividades, incluindo aulas de história africana e história dos negros do Brasil, são algumas medidas para essa tomada de consciência, além das mensagens textuais, visuais ou rítmicas transmitidas durante as festas e no carnaval, já aqui descritas. Trata-se também, mais recentemente, de favorecer a autoestima, o afroempreendimento ou o *afrobusiness*,

[66] Associação Cultural Bloco Carnavalesco Ilê Aiyê, *Ilê Aiyê — Casa de negros/ Mundo negro*, *op. cit.*

pedagogia que já se irradiou do Ilê Aiyê para outros grupos culturais afro, no bairro da Liberdade e, mais amplamente, na cidade de Salvador, por exemplo, com o programa "Salvador Capital Afro", mantido pela prefeitura com o apoio do Banco Interamericano de Desenvolvimento. Aqui, é preciso também observar que essa consciência negra, para a qual o Ilê Aiyê contribuiu desde a sua criação, se desenvolveu no Brasil de um modo geral, a ponto de permitir mudanças importantes, como o reconhecimento dos direitos dos quilombolas desde os anos 1990, ou a efetivação da política de cotas nas universidades federais desde os anos 2000, ou nos cargos públicos desde 2023. Ademais, se as tentativas dos líderes do Ilê Aiyê e, em particular, do seu presidente, de serem eleitos para o cargo de vereador não foram exitosas até agora, o movimento da consciência negra criou a mudança necessária para artistas e líderes negros integrarem o mais alto nível de governança do país (casos de Gilberto Gil, Benedita da Silva, Margareth Menezes, Anielle Franco, Silvio Almeida) e para a questão da igualdade racial se tornar um Ministério do Governo Federal.

Todo esse debate sobre o exclusivismo racial do Ilê Aiyê e sua capacidade de reforçar a consciência negra deve e pode ser reconsiderado e relativizado, de modo que nosso olhar se volte para o modo como os próprios membros do bloco (homens e mulheres) se identificam em relação à cor da pele — que é considerada, com base num automatismo racialista raramente questionado no pensamento comum, o indicador geralmente admitido da raça. Vemos nesse momento que o vínculo naturalista entre raça e cultura não é nada claro. Dito de outro modo, os membros do Ilê Aiyê podem participar do rito vivido como Africanos na Bahia, mesmo apresentando variações importantes de identidades de cor.

Para o Ilê Aiyê, "bloco da raça" e "cara preta da Bahia", a autoestima e a consciência negra de cada um dos membros são avaliadas de acordo com sua autoidentificação de cor. Os termos *negro/a*, *negão/ona* ou *preto/a* são autoidentificações raciais valorizadas, diferentemente de uma série de termos julgados eufêmicos, como por exemplo, *moreno/a*, *pardo/a* e *escuro/a*. Ora, segundo o IBGE, existem na sociedade brasileira 135 cores declaradas por quem respondeu às pesquisas.[67] A amplitude e a variedade da lista reforçam as impressões de indefinição, de

---

[67] Ver o artigo de Fernando Rodrigues, "Racismo cordial", in Cleusa Turra e

liberdade e do caráter opcional que prevalecem a esse respeito. Cada um se situaria livremente na gradação de cores, recorrendo até, se assim o desejar, a metáforas de plantas, frutas, animais ou coisas! Já os procedimentos de classificação são mais complexos. Numa pesquisa de sondagem realizada em 1995 a respeito dos preconceitos raciais no Brasil (a primeira do gênero no país), o instituto de pesquisa Datafolha mostrou que "curiosamente, a maior manifestação de preconceito contra os negros foi apreendida no Nordeste, onde se encontra a maior miscigenação".[68] Sob uma falsa aparência de neutralidade fenotípica, a identificação de cor no Brasil é determinada por um pensamento racialista que estabelece hierarquias entre três "raças". Duas delas são enunciadas sob a aparência cromática — a branca e a preta —, sendo o índio o único confinado na figura da etnicidade, o que corresponde à sua antiga exclusão do imaginário nacional. Para ambas as cores/raças, a história do pensamento racial no Brasil indica um certo número de constâncias ideológicas que assumem a continuidade, na segunda metade do século XIX, da dominação legal do escravismo. Para resumir de maneira simples, trata-se da crença numa superioridade moral e intelectual de pessoas de pele branca e num acúmulo de estigmas negativos associados à pele negra e aos traços africanos. O caráter opcional do questionário não é, portanto, sinônimo de uma real liberdade, uma vez que o termo "preto" é rechaçado enquanto, historicamente, o desejo de embranquecimento permeou por muito tempo toda a população de cor. No entanto, as ideologias raciais evoluem e diversos espaços e comportamentos negrófilos tendem a evoluir. Embora não mudem de imediato os preconceitos dos não negros, eles ampliam o leque de situações de interação em que negros são valorizados. É sobretudo o caso das relações sociais criadas a partir do movimento de africanização do carnaval.

As declarações de identidade de cor realizadas pelos membros da associação (feitas no momento de suas inscrições ou reinscrições anuais na sede da associação, no âmbito da pesquisa já citada) mostram que a pedagogia em favor da consciência negra produziu resultados signi-

---

Gustavo Venturi (orgs.), *Racismo cordial* (São Paulo, Ática/Folha de S. Paulo/Datafolha, 1995, p. 33), no qual esses dados do IBGE do ano de 1976 eram apresentados e comentados.

[68] *Idem*, p. 29.

ficativos: três quartos dos membros usam termos identitários do tipo afirmativo. Entre eles, o termo negro/a (que corresponde com maior precisão à mensagem do bloco, pois adquiriu uma conotação cultural e política) está presente em quase metade das respostas. Quanto a preto/a, o termo permanece marcado por seu uso oficial, apreendido como negativo: carregado de preconceitos racistas, é historicamente o termo ideal do ponto de vista do olhar discriminador. Ainda que sambas e usos afetuosos o tenham tornado mais desejável, ele não reúne nem 29% das respostas.[69] Outros termos que também podem ser considerados afirmativos como negão/ona, mulato/a, neguinho/a, crioulo/a ou cafuzo estão presentes em mais de 7% das respostas. Enfim, os termos de identidade que, inversamente, por seus eufemismos e metáforas, sugerem a ausência ou a fraqueza da consciência negra — tais como moreno/a e pardo/a, escuro/a, formiga, castanha, canela, clara, púrpura... e um branco — agrupam no total um quarto das declarações.

Eu quis conhecer de perto as condições que definem o caráter facultativo da identificação racial, abordando esse aspecto específico numa pesquisa realizada com quarenta membros do bloco (cuja divisão por sexo, idade e residência correspondia aproximadamente à dos membros do bloco como um todo). Levando em conta que a pesquisa representava uma situação social na qual a relação com o outro podia evoluir no decorrer das conversas, e que as pessoas entrevistadas podiam se sentir progressivamente valorizadas em seu pertencimento ao Ilê Aiyê em razão do conteúdo de nossas trocas, uma vez que elas estavam no centro da entrevista, a mesma pergunta de autoidentificação de cor (simplesmente "qual é a sua cor?") foi feita uma vez no início e outra no final da entrevista. Contando com a declaração feita na sede da associação, no momento da inscrição, eu dispunha então de três autoidentificações, feitas pelas mesmas pessoas, em três situações diferentes. Nas entrevistas, a proporção das declarações "afirmativas" aumenta de 47,5% (19 de 40) no início da entrevista para 62% (25 de 40) no final. Essa proporção foi de 77,5% (31 de 40) para as mesmas 40 pessoas, mas dessa vez entrevistadas na sede da associação no momento da inscrição. Essa modesta pesquisa estatística permite lançar luz na dinâmi-

---

[69] Essas porcentagens incluem 1.268 membros do bloco que declararam sua cor (de um total de 1.465) por ocasião das inscrições do carnaval de 1992. Seria interessante verificar a provável evolução dessas autoidentificações de cor no presente.

ca das autoidentificações. A identidade racial, mais do que opcional, é situacional. As identificações aumentam à medida que as interações se aproximam de um ambiente de cumplicidade e afirmação coletiva negra. Dessa forma, pude acessar um modelo reduzido da evolução da posição dos negros na sociedade e na ideologia racial da cidade de Salvador. Por um lado, os contextos de valorização cultural da população negra aumentaram em número e em força, refletindo o sucesso do Ilê Aiyê, do carnaval afro-brasileiro e, de modo mais geral, da promoção da matriz africana na Bahia. Nesse contexto, a identidade negra se reelabora com base num modelo cultural africano e representa uma opção socialmente positiva. Por outro lado, a cidade não foi totalmente tomada por esse gênero de situações e espaços, longe disso. Cada um deve então saber identificar os contextos. Quando vejo a que ponto as chamadas identidades raciais são maleáveis, eu me pergunto se a sabedoria popular já não estaria me soprando a conclusão do estudo: a identidade é um fato contextual — ela depende de certas questões localizadas — e relacional: tudo depende de com quem se fala e da relação de alteridade.

CONCLUSÃO

A cultura por si só não existe; seja como tradição, seja como inovação, ela não escapa às questões de identidade da vida social do seu tempo. Dessa contemporaneidade, nasce uma tensão entre cultura e identidade. Pareceu-me, após todos esses anos de pesquisa e proximidade com o Ilê Aiyê e com a cidade de Salvador, que toda a história do bloco evidencia essa tensão. Nesse caso, aliás, a tensão não é apenas teórica, ela é muito real, conforme mostram as suas formas exacerbadas, quando, por um lado, alguns se indignam com o "espetáculo da luta de raças" ou com um carnaval de negros sem brancos e, por outro, certos membros enxergam uma relação genética e simplificadora entre a sua cor de pele e a competência cultural. Existe uma relação, claro, mas ela é muito complexa, transformada pela história coletiva regional, nacional e global, e por milhões de histórias individuais.

A etnografia dos ritos mostra que as estratégias identitárias estão presentes e atuantes na imaginação cultural: os orixás cultuados, os heróis, as cores utilizadas, as letras de samba e até os instrumentos, tudo tem um sentido social, isto é, uma razão e um alcance na vida social dos atores do rito. Por um lado, os africanismos do Ilê Aiyê permitem dar uma forma cultural à distância social dos negros e negras brasileiros em uma sociedade há muito minada pelo racismo estrutural e ideológico. A África da Bahia é uma resposta a essa situação. Mas não apenas isso, pois para criar "sua" África, a performance (ou a cultura que vai se fazendo) produz um trabalho cultural extraordinário, que reorienta as histórias familiares, as leituras e as viagens (físicas ou virtuais) para as terras africanas e diaspóricas. Trata-se de todo um aprendizado que, ao renovar os conhecimentos e a cultura, se abre para o mundo. Ao inventar os ritos que sustentarão por um tempo as estratégias identitárias, os criadores acabam por colocar em contato inspirações múltiplas, o que implica ir ao encontro do diverso, aprender na alteridade. Por exemplo, para os negros baianos de Salvador, a África-território e sua história, que serão transformadas em signo de identidade, eram muito mais eivadas de alteridade do que o Cristo-Rei branco e baiano, ao mesmo tempo cristão e pagão, que a história local já fundiu a Oxalá. As culturas contemporâneas não são mais inteiramente locais, embora sejam sempre criadas localmente.

Basta ampliarmos o foco e essa África da Bahia se torna parte de uma cosmologia (isto é, o pensamento de todo um mundo) que a ultrapassa e a inclui, que a religa à África global. Esse é um "mundo" imaginário (artístico, conceitual, utópico) que tece vínculos entre todas as comunidades, localidades e subjetividades espalhadas de um lado a outro do "Atlântico negro" (para usar as palavras de Paul Gilroy) ou de um lado a outro do "porão do navio negreiro" (nas palavras do poeta caribenho Édouard Glissant). Ela religa e ela repara. É preciso considerar o trabalho criativo do Ilê Aiyê — a arte visual das suas fantasias, as 2 mil canções, ou mais, compostas por artistas amadores, as histórias de heróis africanos ou afro-brasileiros redescobertas — como um ato de reparação e de cuidado diante de todas as discriminações raciais vividas e de todas as ancestralidades desaparecidas.

E, por fim, se ainda nos perguntarmos, ao fim das contas, sobre a cor dessa imaginação cultural, podemos meditar sem pressa nas palavras do poeta-cantor baiano Gilberto Gil: "O negro é a soma de todas as cores".

Posfácio
RAÇA E MODERNIDADE

Antonio Sérgio Alfredo Guimarães

O que hoje significa "Bahia" começou a ser tecido na terceira década do século XX, mais ou menos. Decadente, sua elite absentista havia se concentrado na capital da República, enquanto os coronéis do sertão construíam e fortaleciam seus feudos. "Mulata velha" escrevia-se pejorativamente nos jornais do sul (*O Malho*, 1911).[1] Salvador entre 1920 e 1940 mantinha-se com 290 mil habitantes, o que fez essa área cultural estagnada chamar a atenção de antropólogos e sociólogos estrangeiros pelo que parecia ser um laboratório social, local adequado para "estação etnográfica",[2] pleno de sobrevivências — africanismos e brasileirismos cristalizados nos tempos coloniais.

Se a modernidade foi primeiramente pensada na Europa à exclusão dos povos de seus impérios coloniais a partir de noções como individualismo, urbanização e industrialização capitalista, o modernismo europeu, ao contrário, nutriu-se da descoberta da arte africana e do Oriente, do que então chamou-se arte primitiva e orientalismo. Já a redescoberta da Bahia, ou melhor dizendo, sua imaginação como moderna nos anos 1950, deu-se através das ciências sociais e das artes. As primeiras descobriram e estudaram a África de seus vales, dos seus candomblés, contrapondo-os à Europa de suas cumeeiras;[3] o segundo encantou o seu barroco, deu traços africano-modernistas à vida popular,

---

[1] Ver "Viagem a Bahia: a recepção da mulata velha", *O Malho*, ano X, nº 461, julho de 1911.

[2] Livio Sansone, *Estação Etnográfica Bahia*, Campinas, Editora da Unicamp, 2023.

[3] Robert Park, "Introduction", in Donald Pierson, *Negroes in Brazil: A Study of Race Contact at Bahia*, Chicago, University of Chicago Press, 1942.

transformou-a em canções, estatuetas, croquis, desenhos e pinturas.[4] Nascia assim essa representação implausível de modernidade mágica, cheia de feitiço e beleza, de democracia racial, pelas mentes e pelas mãos de europeus, americanos, brasileiros, latino-americanos, artistas e cientistas sociais. Arte e ciência modernas a recriar e representar o implausível — um lugar de encanto, doçura e miscigenação de raças.

Foram assim os primeiros anos modernos na Bahia — de criação de uma matriz de brasilidade mestiça que deu alma à nação que o Estado Novo queria forjar para superar lutas de classe, comunidades étnicas oriundas da grande imigração europeia, as promessas fascistas e comunistas, enfim tudo que desafiava o liberalismo econômico e o ideal de um povo homogêneo. Michel Agier nos apresenta em *Ilê Aiyê: a fábrica do mundo afro* uma segunda modernidade, diferente da que Bastide e Fernandes[5] se referiam como de formação do *Novo Negro*, aquela em que a raça não é apenas referida aos outros, como forma de inferiorização, mas aplicada a si como afirmação social num espaço permeado pelo racismo e pelo seu outro, o antirracismo. O bloco Ilê Aiyê marca, na sua leitura, uma nova modernidade, aquela em que os racializados, os *outros*, convivem no mesmo espaço social do *nós*, diversidade de modos de ser humano, etnicidades compondo uma mesma imaginação nacional. Algo que em todo o Brasil ganha densidade durante os anos 1970, dando vida cultural própria, bem demarcada e diferenciada, às organizações negras de perfil político, que se desenvolviam desde os anos 1930, buscando borrar as linhas culturais entre dominantes e subalternos, racializadores e racializados. Modernidade e raça que finalmente, nos 1970, estarão juntas numa mesma comunidade nacional.

Michel Agier se pergunta sobre a morfologia social que permitiu essa nova modernidade. Recapitulemos brevemente.

O petróleo descoberto na Bahia, em Lobato, subúrbio de Salvador, em 1939, iria transformar a economia local. Já em 1953, criava-se a Petrobrás, e a exploração de petróleo no Recôncavo parecia destinada

---

[4] Anadelia Romo, *Selling Black Brazil: Race, Nation, and Visual Culture in Salvador, Bahia*, Austin, University of Texas Press, 2022.

[5] Roger Bastide e Florestan Fernandes, *Relações raciais entre negros e brancos em São Paulo: ensaio sociológico sobre as origens, as manifestações e os efeitos do preconceito de cor no município de São Paulo*, São Paulo, Anhembi, 1955.

a restituir a glória à cidade da Bahia, cada vez mais chamada de Salvador pelos outros brasileiros e estrangeiros, atraindo grande migração interna, mas principalmente do seu Recôncavo. Por outro lado, a rodovia aberta entre Salvador e o Rio de Janeiro, a Rio-Bahia, pavimentada em 1963, consolidará trocas muito mais frequentes de gente e mercadorias entre o sul e o norte do Brasil. A grande imigração de baianos de Salvador e Recôncavo para o sudeste, principalmente para o Rio de Janeiro, havia se acelerado, num primeiro momento, nas décadas de 1940 e 1950, consolidando uma tradição negra, presente principalmente no samba, na capoeira e no candomblé, que remonta ao tráfico regional de escravizados do final do Império. Tradição essa que já havia criado na imaginação nacional uma Bahia mítica na macumba e no samba carioca;[6] mas, a partir dos anos 1950, Salvador, ela mesma, volta a fortalecer e expandir suas matrizes culturais negras e a reinventar-se como "Roma negra",[7] num período de grande expansão populacional e de crescimento econômico. Em 1950, Salvador já conta com 417.235 habitantes; em 1960, com 649.453; em 1970, com 1.007.195 habitantes, para em 2010 abrigar mais de 2.600.000 pessoas.

Tal adensamento industrial, populacional e urbano ensejará também a formação de uma indústria cultural e de um pujante setor de serviços locais, do qual a música, as artes em geral, o turismo, as festas populares, principalmente o carnaval, serão os principais produtos. Ou seja, entre 1960 e 1980, desenvolver-se-ão setores econômicos locais que permitirão o adensamento de uma vida cultural racialmente marcada, primeiro por e para os outros, com o surgimento de uma espécie de primitivismo artístico ou de arte ingênua; mas, em seguida, usada pelos próprios racializados enquanto diacríticos de identidade. O Ilê Aiyê marca essa virada tanto quanto o Olodum, a música axé ou a Timbalada.

Nossa geração, nos anos 1960, viveu essa transformação que foi timidamente legada pelos nossos pais — interesse e respeito pelos candomblés, fascinação pelas festas populares, participação no carnaval de

---

[6] Roberto Moura, *Tia Ciata e a Pequena África no Rio de Janeiro*, São Paulo, Todavia, 2022.

[7] Vivaldo da Costa Lima, *Lessé Orixá: nos pés do Santo*, Salvador, Corrupio, 2010.

rua feito por trios elétricos e blocos. Aos poucos, se acumulavam as músicas baianas de carnaval que cantávamos ao lado das que nos vinham das marchas e sambas cariocas ou do frevo pernambucano. De Dodô e Osmar para Armandinho e a Cor do Som, de Batatinha e Riachão para Caetano Veloso e Gilberto Gil, a matéria de nossa vivência era o cotidiano popular das feiras e das festas.

Reinventada pelo consumo nacional de massas, a Bahia voltou a ser central na vida econômica, artística e cultural brasileira. E tal centralidade significava contato intenso com outros brasileiros de cantos diversos e com estrangeiros da diáspora ou das metrópoles europeias e norte-americanas. Uma Bahia cuja centralidade dependia justamente de sua abertura ao mundo e às influências que recebia de todas as partes. Nesse ponto, não podemos diminuir o papel que teve a Universidade Federal da Bahia nessa formação, ao nos pôr em contato com as ciências sociais, a filosofia e as artes que eram feitas nas metrópoles. Uma verdadeira renascença essa *avant-garde* na Bahia,[8] que formou os intelectuais de classe média, mestiços que se definiam brancos, certamente culturalmente brancos, ou brancos que se criam freyrianamente mestiços, ou negros para quem a cor era apenas uma aparência.

Agier está correto ao perceber o alcance da criação e do primeiro desfile do Ilê Aiyê enquanto bloco de negros fechado aos brancos. É o início de uma nova modernidade, na qual os negros não apenas se representam a si mesmos como negros para um público que majoritariamente se define como branco, mas se apresentam também para um mundo negro que eles criam por sua própria performance. Algo impossível de pensar sem que existisse aquela confluência de mundos que era a Bahia, onde ideias de multiculturalismo, plurinacionalidade, orgulho negro, poder negro, colonialidade interna, fricção interétnica etc. se acotovelavam nas ruas e nos salões. Foi também muito feliz em perceber o Ilê como criando e ocupando um lugar diaspórico africano, trazendo para o espaço público a negritude africana do candomblé, tal qual os afoxés seus antecessores; mas espaço ladeado pela globalização e pelo multiculturalismo do Olodum, e pela cultura negra periférica do Muzenza.

---

[8] Ver, de Antonio Risério, *Avant-garde na Bahia*, São Paulo, Instituto Lina Bo e P. M. Bardi, 1995.

E aqui valem duas novas digressões sobre a modernidade negra.

A primeira tem a ver com a posição social dos negros modernos; uma classe média, como pensava Costa Pinto,[9] alienada da sociedade de classes? Uma elite negra que devia sua posição social aos empregos nos serviços e na indústria moderna? Talvez pequena classe média ou trabalhadores afluentes, se pensarmos apenas em sua liderança, nos diz Agier, mas a mesma classe trabalhadora precária e tradicional para o conjunto de seus membros. Para esses, a modernidade era, antes de tudo, uma nova atitude e uma nova consciência que, seja a prática política, seja a prática cultural, ritualmente constituía.

A segunda tem a ver com o conceito de modernidade em si mesmo. A cultura — literatura, música, modos de ser e de se apresentar socialmente — feita nas periferias das grandes cidades brasileiras pela população majoritariamente negra pode ainda ser chamada de modernidade negra? No Brasil essa cultura ganha o público com a literatura de Carolina de Jesus e avança desde então com novos escritores, poetas e músicos que têm como matéria temática não propriamente a vida social negra, mas as periferias urbanas, fenômeno que Mário Medeiros[10] chama corretamente de cultura periférica. Deveríamos guardar o conceito de modernidade negra apenas para as manifestações de arte e para um modo social de ser negro anteriores ao fenômeno da indústria cultural globalizada e multirracial? Por uma questão de precisão histórica, tendo a dizer que sim, mas a atuação do Ilê Aiyê contemporaneamente, nos mostra Agier, convive no tempo histórico com várias formas, seja de se integrar diferencialmente como negro no mundo globalizado, seja de desafiar, ao invés de incorporar, as fronteiras de respeitabilidade que marcam a vida burguesa. Talvez mais que isso. O que Agier sugere é que essas diferenças são partes de um todo articulado em que o fundamento identitário é necessário para a circulação cultural globalizada das diferenças, assim como a revolta contra a normatividade que nos é imposta transforma-se em condição para o reforço crítico das mesmas normas. Não que essa articulação estrutural perdu-

---

[9] Luiz Aguiar da Costa Pinto, *O negro no Rio de Janeiro: relações de raças numa sociedade em mudança*, São Paulo, Companhia Editora Nacional, 1952.

[10] Mário Medeiros, *A descoberta do insólito: literatura negra e literatura periférica no Brasil (1960-2020)*, São Paulo, Edições Sesc, 2023.

re funcionalmente para todo o sempre, mas enquanto a ordem social permaneça firme tal lógica funcional tende a ser recriada.

Por exemplo: aqueles que enxergavam racismo na criação do Ilê Aiyê o faziam em nome de uma nacionalidade singular mestiça; eles serão os mesmos a louvar mais tarde a sua autenticidade, a riqueza e a atração que emprestavam ao carnaval baiano; do mesmo modo, os que criticam hoje os "identitarismos" o fazem em defesa da nação enquanto identidade única e singular, esquecendo-se de que boa parte da riqueza do mundo social sobre o qual refletem advém justamente da diversidade de identidades sociais. Agier tem uma maneira bastante original de ler a contrapelo: compreender a afirmação da identidade étnico-racial em detrimento da nacionalidade abrangente como modo de retificação de status social [*redressement statutaire*].

Na modernidade negra, portanto, encontramos a presença simultânea de raça e modernidade na consciência pessoal, na vida pública e nas ciências sociais do mundo ocidental contemporâneo. Pensadas como separadas ou noções antagônicas durante a colonização europeia e expurgadas das nacionalidades metropolitanas e das novas nações independentes, raça e modernidade se reencontram para dar sentido à sociabilidade e à sensibilidade contemporâneas.

SOBRE O AUTOR

Michel Agier é antropólogo, *directeur d'études* na École des Hautes Études en Sciences Sociales (EHESS), em Paris, onde é membro do Centre d'Étude des Mouvements Sociaux (CEMS) e *directeur de recherche émérite* no Institut de Recherche pour le Développement (IRD). Após realizar pesquisas de antropologia urbana sobre mobilidade social e etnicização na África (Togo e Camarões), ele desenvolveu no Brasil, e mais tarde na Colômbia, pesquisas sobre relações raciais e dinâmicas culturais afro, com particular interesse nos ritos carnavalescos. Em 1989 iniciou uma pesquisa etnográfica sobre o Ilê Aiyê, que durou até 1996, retomada nos anos 2000 e atualizada em 2023. A partir dos anos 2000, conduziu e coordenou pesquisas de campo na África e na Europa sobre fronteiras, refugiados, migrações e cosmopolitismo, além de reflexões teóricas sobre esses temas. Publicou diversos trabalhos em francês sobre esses temas, traduzidos para várias línguas (inglês, italiano, espanhol, alemão, sérvio e japonês). No Brasil, publicou os livros *Encontros etnográficos: interação, contexto, comparação* (Editora da Unesp, 2015) e *Antropologia da cidade: lugares, situações, movimento* (Terceiro Nome, 2018).

SOBRE O FOTÓGRAFO

O fotógrafo e antropólogo Milton Guran nasceu no Rio de Janeiro, em 1948. É mestre em Comunicação Social pela Universidade de Brasília (1991), tendo realizado doutoramento em Antropologia na EHESS, de Paris, em 1996, período em que conheceu Michel Agier, e concluído o pós-doutorado na Universidade de São Paulo em 2004. Lecionou na Universidade de Brasília, e também nas universidades Gama Filho e Candido Mendes, no Rio de Janeiro. Desde 2006, é pesquisador do LABHOI (Laboratório de História Oral e Imagem da Universidade Federal Fluminense). Especialista em cultura da diáspora africana, desenvolve pesquisas na África Ocidental desde 1994, tendo participado do Comitê Científico Internacional do Projeto Rota do Escravo da UNESCO de 2011 a 2019. Como consultor da UNESCO e do IPHAN, coordenou o grupo de trabalho responsável pelo dossiê de candidatura do Sítio Arqueológico Cais do Valongo, do Rio de Janeiro, a Patrimônio Mundial, título obtido em 2017. Dentre suas publicações, destacam-se *Agudás: os brasileiros do Benim* (Nova Fronteira/Universidade Gama Filho, 2000), publicado também na França como *Agoudas: les "Brésiliens" du Bénin* (La Dispute, 2010), e *Architecture Agouda au Bénin et au Togo*, com Roberto Conduru (2016). É também o responsável pela criação do site www.acervoaguda.com.br, projeto ganhador do Prêmio Rumos Itaú, dentre outras obras e artigos no campo da fotografia e da antropologia.

Este livro foi composto em Sabon
pela Franciosi & Malta, com CTP
e impressão da Edições Loyola em
papel Pólen Natural 80 g/m² da Cia.
Suzano de Papel e Celulose para a
Editora 34, em agosto de 2024.